AF607618

Actividades de indagación para trabajar las ciencias experimentales en contexto en Educación Primaria

Actividades de indagación para trabajar las ciencias experimentales en contexto en Educación Primaria

Beatriz Bravo Torija
Ana Isabel Mora Urda
(Coordinadoras)

Nuria Barroso Catalán
Raquel Benito Ruiz
Paula Briceño García
Cristina Cabañero Esquivel
Lucía Casas Quiroga
Laura Cerra Herresanchez
Almudena Chércoles Granados
Lorena Chicharro García
Raquel Cortázar del Río
Lucía Domínguez Yáñez
Tamara Esquivel Martín
Almudena Fermín Elvira
María Fernández Gil
Nuria Fernández Huetos
Violeta Fernández Martín
Isabel García-Bravo Real
Paloma García González
Cecilia García Lozano
Clara González Carbonero
Vanesa González Ramírez
Lucía González Romero
Irene Guevara Herrero
Micaela Herreros Benedicto
Victoria Marín Dueñas
María Merino Rodríguez
Sara Muñumel González
Pilar Quintanar Díaz
Paula Rodríguez Martínez
María José Sáez Bondía
Victoria Sánchez Díaz-Maroto

Este libro ha sido sometido a evaluación por parte de nuestro Consejo Editorial
Para mayor información, véase *www.dykinson.com/quienes_somos*

Este libro ha sido elaborado en el marco del proyecto de Innovación docente convocatoria INNOVA 2023/24 de la Universidad Autónoma de Madrid, denominado "La indagación en el aula de ciencias: una experiencia transformadora en la formación inicial del profesorado" (FPYE_015.23_INN). En su redacción han participado autoras de tres universidades, la Universidad Autónoma de Madrid, la Universidad de Santiago de Compostela y la Universidad de Zaragoza. A todas las autoras les agradecemos su aportación, sin su compromiso y dedicación esta obra no hubiera sido posible.

Editorial DYKINSON, S.L.
Meléndez Valdés, 61 - 28015 Madrid
Teléfono (+34) 915442846 - (+34) 915442869
e-mail: info@dykinson.com
http://www.dykinson.es
http://www.dykinson.com

ISBN: 978-84-1070-651-4
Depósito Legal: M-22538-2024
DOI: 10.14679/3421

Preimpresión:
New Garamond Diseño y Maquetación, S.L.

A José, gracias por ser y estar

A todos los niños y niñas que somos y seremos

Índice

Prólogo

ACTIVIDADES DE INDAGACIÓN PARA TRABAJAR LAS CIENCIAS EN CONTEXTO EN EDUCACIÓN PRIMARIA

Beatriz Bravo Torija y Ana Isabel Mora Urda

El Aprendizaje basado en Indagación (ABI) permite al alumnado no solo adquirir conocimiento sobre ciencias experimentales, sino también sobre los procesos por los que es construido y evaluado por la comunidad científica. Esta metodología se centra en desarrollar, junto con los saberes básicos, las competencias específicas dentro de la Competencia matemática y competencia en ciencia, tecnología e ingeniería (Ministerio de Educación y Formación profesional, 2022). La investigación educativa ha demostrado que, con la guía precisa del docente, esta metodología ayuda al alumnado a adquirir el conocimiento científico así como mejorar el interés por la ciencia, y ayudar a disminuir la brecha de género (Aguilera et al., 2018). Sin embargo, llevar este tipo de actividades al aula es complejo, entre otras razones, por limitaciones de tiempo para su diseño (García-García et al., 2019). Esta obra, centrada en la descripción de propuestas de indagación que abordan tanto saberes básicos de ciencias, como las bases teóricas con las que se han construido, espera ayudar al profesorado a implementar Actividades Basadas en Indagación en sus aulas. Para conseguirlo, en los distintos capítulos, y en el anexo, se encuentran los materiales que puede utilizar el docente para llevar estas actividades directamente al aula o adaptarlas sin dificultad.

El libro está formado por 10 capítulos. En el primer capítulo *"Enseñanza de las ciencias basada en la indagación: ¿Por qué y para qué?"* se aborda, desde una perspectiva teórica, la utilidad de esta metodología para favorecer el aprendizaje de las ciencias experimentales en Educación Primaria. Además, se discute qué tipos de actividades de indagación existen y cuál de ellas se considera más útil para el aula. Por último, se describe cómo son estas actividades y cuáles son los aspectos clave en los que el docente se tiene que fijar para poder diseñarlas. Enlazando con lo anterior, en el segundo capítulo, *"Orientaciones para el diseño de actividades de indagación en el aula de ciencias"* se aborda los pasos a seguir para diseñar estas actividades de indagación. Para facilitar la tarea al docente, las explicaciones se acompañan de herramientas de andamiaje que le pueden ayudar al formular una pregunta de investigación asequible para su alumnado o al diseñar el proceso de resolución de la actividad. Entendemos que actualmente hay muchos materiales en abierto para el profesorado, pero, al no hacerse explícito la lógica seguida para construirlos, al intentarlos aplicar a su aula se encuentra con dificultades. Por ello, este capítulo persigue un doble objetivo, por un parte explicar cómo se diseñan las actividades de indagación, y por otra, describir el proceso seguido para el diseño de las propuestas que se presentan a continuación.

Del tercero al décimo capítulo describen ocho actividades de indagación. Estos capítulos se organizan en función del ciclo al que van dirigidos, aunque todas las actividades se pueden adaptar a cualquier curso y a la realidad educativa de cada centro. Este manual pretende ser una guía, no un libro de "recetas" cerradas. Todos los capítulos siguen una misma estructura: en primer lugar se presenta la fundamentación de la propuesta, para después abordar las orientaciones sobre cómo implementarla. Finalmente, se describen consideraciones que los y las docentes deben tener antes, durante y después de aplicarla.

En concreto, las actividades del tercer y cuarto capítulo, "*Introducir el modelo de ser vivo a partir de organismos no prototípicos: ¿Cómo conseguir que no salga moho en la fruta?*" y "*El misterio del artrópodo extinto: ¿Cómo averiguamos a qué grupo pertenece?*" se dirigen al primer ciclo de Educación Primaria y se centran en trabajar el modelo de ser vivo con organismos no prototípicos como los mohos y los artrópodos. Con las actividades presentadas también se promueve desarrollar competencias específicas (o destrezas) como la observación y la clasificación e identificación de organismos mediante sus características observables. El quinto, "*¡Periscopios en acción!: trabajando el reflejo de la luz*" cierra las propuestas de este ciclo trabajando la luz y los fenómenos relacionados con ella, en concreto la reflexión. A partir de seguir una secuencia de modelización se favorece que el alumnado construya un periscopio, considerando cómo se refleja la luz en superficies como espejos y cómo emplean este conocimiento en el diseño y construcción del instrumento.

Los capítulos sexto y séptimo se dirigen al segundo ciclo, y abordan los temas de energía y calor, y máquinas e instrumentos. En "*Guardianes de la energía: la búsqueda del material perfecto*" se describe una experiencia donde el alumnado ha de averiguar cuál es el mejor material para cubrir una taza de té y evitar que disminuya el máximo que pueda su temperatura. A través de distintas preguntas guía, los y las estudiantes tendrán que proponer el material y las razones, así como comprobarlo experimentalmente. Para ello, deben de relacionar la transferencia de energía con la temperatura y estas con las características de los materiales aislantes y conductores. Todo ello en un contexto cercano que les permitirá desarrollar tanto destrezas científicas como matemáticas, entre ellas el registro de datos, la elaboración de tablas y gráficas y su interpretación. En cuanto a "*S.O.S mudanza: una propuesta para trabajar máquinas simples en Educación Primaria*" propone el caso de una mudanza en la que surgen multitud de problemas, y el alumnado con su ingenio deberá diseñar distintas máquinas simples, construirlas y evaluar su utilidad. Todo ello guiado a través de preguntas que favorezcan la aplicación del conocimiento a situaciones de la realidad.

Las actividades presentadas en el resto de los capítulos se dirigen al tercer ciclo y versan sobre salud y enfermedad, mezclas y técnicas de separación y circuitos eléctricos. En el primero, "*El misterio del contagio de Marta y Julia: un caso para trabajar salud y enfermedad en Educación Primaria*" se describe una actividad de investigación que favorece la puesta en práctica de contenido relacionado con las vías de contagio y su prevención. Se propone un contexto acerca de un caso de contagio entre dos hermanas que no se han visto, y se solicita que, a través de diferentes pistas, resuelvan qué ha podido ocurrir. Esta propuesta no solo favorecerá la adquisición del contenido científico, sino también el desarrollo de destrezas como la identificación y diferenciación de datos de pruebas relevantes y su uso para la obtención de conclusiones. En "*¡¡Lío en la cocina!! Cocineros al rescate*" se abordan las características de la materia, las mezclas homogéneas y heterogéneas y las técnicas de separación, enmarcándolo en un problema en la cocina de un restaurante al que acuden distintos famosos. Se presentarán cuatro casos y el alumnado, aplicando su conocimiento, debe determinar, en base a las diferencias en las características de los componentes de las mezclas, qué tipo de mezcla son y cómo se podrían separar. Deben decidir la técnica adecuada, diseñar el procedimiento, realizarlo y evaluar el resultado. Por último, en "*¿Qué le ha ocurrido al faro de Pitufilandia?: construyendo circuitos eléctricos*" el alumnado tiene que ayudar a los pitufos a encontrar la razón por la que no funciona su faro y darles una solución. Para ello, deben diseñar un circuito, construirlo y comprobar su funcionamiento. Tras este trabajo, deben explicárselo a los pitufos. Para conseguirlo tendrán que conocer qué es la corriente eléctrica, cuáles son los elementos de un circuito o qué papel tienen en él, aplicándolo en el diseño y construcción del circuito real. Esto también favorece el razonamiento del problema, el diseño de prototipos y su evaluación, así como la comunicación de sus ideas y logros. Todos procesos conectados con las competencias específicas STEM de Educación Primaria.

Referencias

Aguilera, D., Martín-Páez, T., Valdivia-Rodríguez, V., Ruiz-Delgado, A., Williams-Pinto, L., Vílchez-González, J. M., y Perales-Palacios, F. J. (2018). La enseñanza de las ciencias basada en indagación. Una revisión sistemática de la producción española. *Revista de Educación, 381*, 259-284.

García-García, F. J, Quesada-Armenteros, A., Romero Ariza, M., y Abril Gallego, A. M. (2019). Promover la indagación en matemáticas y ciencias: desarrollo profesional docente en primaria y secundaria. *Educación XX1, 22*(2), 335-359. Doi: 10.5944/educXX1.23513.

Ministerio de Educación y Formación Profesional (2022). Real Decreto 157/2022, de 1 de marzo, por el que se establecen la ordenación y las enseñanzas mínimas de la Educación Primaria.

1

ENSEÑANZA DE LAS CIENCIAS BASADA EN LA INDAGACIÓN: ¿POR QUÉ Y PARA QUÉ?

Tamara Esquivel-Martín, Nuria Fernández-Huetos e Irene Guevara-Herrero

Resumen

Desde hace tiempo se viene insistiendo en la necesidad de transformar la manera de abordar los contenidos de ciencias en las aulas de Educación Primaria. Así, se recomienda desarrollar una enseñanza basada en las prácticas científicas de argumentación, modelización e indagación, ya que estas permiten conectar la ciencia con los intereses del alumnado y los desafíos actuales, preparando a la ciudadanía para la toma razonada de decisiones. En este capítulo nos centraremos en la práctica científica de indagación y en el marco de la formación docente de maestras y maestros. En concreto, profundizaremos en la enseñanza de las ciencias basada en la indagación: qué tipos de indagación existen, qué dominios de conocimiento científico se relacionan con esta forma de enseñanza, qué elementos resultan imprescindibles al diseñar este tipo de actividades y cómo fomentar la implementación de estas actividades en Educación Primaria. Todo ello para ayudar a los docentes a diseñar y desarrollar actividades en sus aulas siguiendo este enfoque didáctico.

¿Qué es la Enseñanza de las Ciencias Basada en la Indagación (ECBI)?

La sociedad del siglo XXI se tiene y tendrá que enfrentar constantemente a contextos inciertos, diversos y cambiantes. Para hacer frente a ellos, resulta necesario que la educación científica permita formar una ciudadanía informada, responsable, crítica y participativa. Por ello, desde hace años se viene insistiendo en la necesidad de transformar la manera de abordar los contenidos científicos en las aulas, dejando de transmitirlos como saberes acabados y difícilmente criticables por el alumnado, para pasar a conectar la ciencia con sus intereses y con los retos actuales mediante las prácticas científicas (OCDE, 2023). Estas son actividades cognitivas, discursivas y sociales que permiten construir, ampliar y refinar conocimientos, teorías y modelos científicos usando pruebas; así como comunicarlos mediante argumentos en las aulas de ciencias, a la vez que se desarrolla una mejor comprensión sobre la naturaleza de la ciencia (Jiménez-Liso, 2020).

Tanto los marcos científicos internacionales de referencia (OCDE, 2023), como la legislación educativa vigente en España (LOMLOE, 2020), recomiendan basar la enseñanza de las ciencias experimentales en las prácticas científicas de argumentación, modelización e indagación desde las etapas educativas tempranas. En este capítulo nos centraremos en la indagación, acogiéndonos a la definición provista por el *National Research Council* (2000):

> *Actividad multifacética que implica hacer observaciones; plantear preguntas; examinar libros y otras fuentes de información para ver lo que ya se sabe; planificar investigaciones; revisar lo que ya se sabe a la luz de la evidencia experimental; usar herramientas para recopilar, analizar e interpretar datos; proponer respuestas, explicaciones y predicciones; y comunicar los resultados. La indagación requiere la identificación de suposiciones, el uso del pensamiento crítico y lógico, y la consideración de explicaciones alternativas (p. 14).*

Por su parte, la definición de la Enseñanza de las Ciencias Basada en la Indagación (ECBI) resulta más compleja, dado que en la literatura se denominan así multitud de intervenciones didácticas que varían significativamente en el tipo de actividades llevadas a cabo por el alumnado, en su grado de autonomía y en el nivel de guía recibido (Romero-Ariza, 2017). En este trabajo, apostamos por una ECBI que fomente la comprensión de la ciencia como un constructo social en constante evolución y que:

- Tenga objetivos de aprendizaje conceptuales, procedimentales y actitudinales claros.
- Promueva la motivación y activación intelectual (*minds-on*), frente a solo actividades manipulativas (*hands-on*) del estudiantado para resolver problemas.
- Se aleje de la simple adquisición de destrezas técnicas básicas como el uso de aparatos de medición o de observación.
- Esté enfocada a la modelización y a la argumentación, mejorando destrezas científicas como la realización y/o abordaje de preguntas investigables, la formulación de hipótesis, la interpretación de datos, el diseño de investigaciones, la construcción de teorías, modelos y argumentos científicos que expliquen las evidencias disponibles, o su comunicación.
- Fomente el pensamiento crítico, el razonamiento científico y la reflexión constante de los estudiantes en situaciones de incertidumbre (problemas sin respuesta evidente ni inmediata).

La ECBI comenzó a cobrar protagonismo en la década de los 90, con la publicación de los *National Science Education Standards* en los Estados Unidos, que destacaron la importancia de involucrar a los estudiantes en las prácticas científicas. Desde entonces, la investigación educativa comenzó a validar sus beneficios, demostrando que la comprensión de los conceptos científicos por parte del estudiantado que aprendía por indagación era más profunda y duradera, especialmente cuando desarrollaban y justificaban sus explicaciones, las discutían en clase y las conectaban con sus conocimientos previos.

Asimismo, se ha observado que la ECBI favorece el desarrollo de múltiples destrezas científicas relacionadas con la planificación de la investigación (formular preguntas sobre el mundo natural, decidir el procedimiento para conseguir fiabilidad y replicabilidad, etc.); la explicación de fenómenos (construir dibujos o diagramas como representaciones de eventos o sistemas, representar y explicar fenómenos utilizando diferentes tipos de modelos, etc.); y la interpretación y comunicación de resultados (construir un argumento científico que muestra cómo los datos apoyan una afirmación, reconocer pautas en los datos que sugieran relaciones que merezcan ser investigadas, etc.).

Por todo ello, en la actualidad, la ECBI se ha consolidado como parte de la educación STEAM (en español, Ciencia, Tecnología, Ingeniería, Artes y Matemáticas) en los currículos educativos actuales (LOMLOE, 2020), destacándose su capacidad para integrar los conocimientos asociados a diferentes disciplinas y fomentar un aprendizaje científico aplicado (haciendo ciencias, pensando sobre ciencias y hablando sobre ciencias) (Crawford y Capps, 2018).

Tabla 1. Relación entre las competencias STEM específicas (destrezas científicas) que demanda desarrollar el currículo de Educación Primaria (Real Decreto 157/2022) y las seis primeras fases del ciclo de indagación guiada.

Destrezas científicas (Real Decreto 157/2022)	Fases Indagación					
	1	2	3	4	5	6
Mostrar curiosidad por objetos, hechos y fenómenos cercanos, formulando preguntas e hipótesis.	X	X				
Buscar, seleccionar y contrastar información de diferentes fuentes seguras y fiables, usando los criterios de fiabilidad, adquiriendo léxico científico básico, y utilizándola en sus investigaciones.	X	X	X	X		
Diseñar investigaciones a partir de preguntas investigables.			X			
Seleccionar procedimientos de indagación adecuados a las necesidades de la investigación (observación en el tiempo, identificación y clasificación, búsqueda de pautas, creación de modelos, investigación a través de búsqueda segura de información, experimentos con control de variables, etc.).			X	X		
Realizar experimentos guiados, utilizando diferentes técnicas de indagación y modelos, empleando de forma segura los instrumentos y dispositivos apropiados para realizar observaciones y mediciones precisas, y registrándolas correctamente.			X	X		
Construir modelos sencillos (dibujos, esquemas, diagramas, objetos manipulables, dramatizaciones, etc.) que permitan representar y explicar fenómenos naturales.			X	X	X	X
Proponer posibles respuestas a las preguntas planteadas usando el conocimiento científico, a través del análisis y la interpretación de la información en diferentes formatos (dibujos, diagramas, gráficos, etc.) y los resultados obtenidos, identificando relaciones entre variables, pautas o contradicciones, valorando la coherencia de las posibles soluciones y comparándolas con las predicciones realizadas.					X	
Reformular el procedimiento al encontrar datos contradictorios o al reconocer pautas que merezcan ser investigadas.			X	X		
Tomar decisiones basadas en la información disponible y en el conocimiento científico.			X	X		
Reconocer el valor del razonamiento y la argumentación para contrastar la validez/veracidad de las afirmaciones apoyadas en datos, adquirir e integrar nuevo conocimiento.					X	
Comunicar los resultados de las investigaciones con lenguaje científico, adaptando el mensaje y el formato a la audiencia a la que va dirigido, utilizando palabras, tablas, diagramas y gráficos rotulados, expresiones matemáticas etc., y explicando los pasos seguidos.						X

En concreto, en la tabla 1 se muestra la relación entre las destrezas científicas que demanda desarrollar el currículo de Educación Primaria (Real Decreto 157/2022) en la *Competencia matemática y competencia en ciencia, tecnología e ingeniería (STEM)* y la ECBI, considerando las seis primeras fases del ciclo de indagación guiada (1: introducción; 2: exploración; 3: diseño de la investigación; 4: conducción de la investigación; 5: conclusión; 6: comunicación). Estas fases se comentarán más adelante (apartado 3) y se explicarán con mayor detalle en el capítulo 2.

¿Qué tipos de indagaciones existen?

En el marco de la ECBI, existen varios tipos de indagaciones en función del grado de autonomía del alumnado (Aguilera et al., 2018). Así, distinguimos entre:

- Actividades de verificación o confirmación de experiencias previamente discutidas en el aula: el docente realiza demostraciones y explica todos los pasos (cómo analizar los datos, cómo explicar los resultados, etc.), mientras que el alumnado recibe todas las explicaciones.
- Indagaciones estructuradas: el docente proporciona la pregunta, los datos y el procedimiento a seguir, y es el alumnado quien debe dar respuesta a la pregunta y comunicar los resultados, siguiendo las indicaciones del docente.
- Indagaciones guiadas: el docente proporciona la pregunta y apoya al alumnado mientras estos deciden cómo resolverla y comunicar sus resultados.
- Indagaciones abiertas: el alumnado decide sobre qué investigar y cómo hacerlo con total libertad, sin la orientación del docente.

Entre todas, las experiencias de indagación guiada se consideran particularmente beneficiosas, ya que el estudiantado obtiene mejores resultados de aprendizaje (Romero-Ariza, 2017). En relación con esto, la ECBI supone un cambio profundo en los roles del profesorado y del alumnado. Así, los estudiantes pasan de ser receptores pasivos a protagonistas que regulan y gestionan su propio aprendizaje, ayudados por el andamiaje del docente. Por su parte, el profesor pasa de ser un dispensador de conocimiento a un facilitador/activador del aprendizaje y de la metacognición mediante la reflexión.

En concreto, el rol del docente es clave en tres momentos de la indagación: a) al inicio (promueve la formulación de preguntas, detecta los conocimientos previos del alumnado y valora sus ideas, etc.); b) en el desarrollo (modera, creando un ambiente de reflexión y diálogo; facilita la comprensión y sugiere preguntas que guíen al alumnado, etc.), y c) al final (fomenta el uso de pruebas para la formulación de las conclusiones, sintetiza los hallazgos, facilita espacios para la comunicación de resultados, etc.).

¿Qué dominios de conocimiento se relacionan con la ECBI?

En la ECBI se distinguen cuatro dominios clave del conocimiento científico: conceptual, epistémico, social y procedimental (van Uum et al., 2016):

- El dominio conceptual implica adquirir y comprender el conocimiento científico básico relacionado con los sistemas naturales; algo crucial para poder participar de forma efectiva en actividades de indagación.
- El dominio epistémico cubre la naturaleza de la ciencia y cómo se desarrolla el conocimiento científico. Pasa por comprender que el conocimiento científico es tentativo, creativo y empírico. Los estudiantes necesitan conectar sus investigaciones con la forma de trabajar los científicos en la vida real.
- El dominio social se centra en los aspectos colaborativos de la ciencia, incluida la revisión crítica, el intercambio de hallazgos y el trabajo en equipo. En el aula, esto se puede fomentar mediante el trabajo en grupo, la asignación de roles y la promoción de discusiones para mejorar el razonamiento y la comunicación científica.
- El dominio procedimental aborda los pasos involucrados en la investigación científica, como la formulación de hipótesis, su comprobación y el establecimiento de conclusiones con el apoyo del profesorado.

Crawford y Capps (2018) añaden el conocimiento pedagógico como un quinto dominio relevante en el caso de la formación docente, que debe complementar los otros cuatro:

- El dominio pedagógico se centra en los aspectos generales de la organización de la ECBI en el aula y en cómo la formación docente prepara al profesorado para implementar este enfoque (consideración de las dificultades del alumnado, estrategias, recursos empleados, etc.). Este dominio también incluye la comprensión de los docentes sobre lo que implica la ECBI para el aprendizaje del alumnado.

Cabe destacar que estos dominios no son exclusivos de la ECBI y pueden superponerse. Además, están vinculados a las siete fases del ciclo de indagación (en el caso de este capítulo, indagación guiada) que se describirán con detalle en el capítulo 2 (Figura 1): introducción, exploración, diseño de la investigación, conducción de la investigación, conclusión, presentación/comunicación y profundización/ampliación (van Uum et al., 2016).

Figura 1. Relación entre los dominios de conocimiento científico y las fases del ciclo de indagación guiada.

Como se puede ver en la figura 1, en la fase de introducción, el profesorado debería centrarse en el dominio epistémico, conectando el proyecto en el aula con las investigaciones científicas que se dan en la vida real. Además, deberían plantear una pregunta investigable contextualizada y, en la medida de lo posible, de interés para el estudiantado.

Durante la fase de exploración, los docentes deberían abordar principalmente el dominio conceptual mediante preguntas, discusiones y actividades prácticas que permitan conocer las ideas previas del alumnado y mejorar su comprensión sobre los contenidos científicos relacionados con el tema abordado.

En la fase de diseño de la investigación, el profesorado se debería centrar en el dominio procedimental, guiando a su alumnado durante la planificación de investigaciones válidas y confiables que permitan dar respuesta a la pregunta investigable inicial. En esta fase, seguirían desarrollándose el dominio social y el epistémico.

Durante la fase de conducción de la investigación, los docentes deberían ayudar a los estudiantes a escoger los procedimientos más adecuados (obtención, registro y representación de datos, manejo de la incertidumbre, etc.) para lograr la consecución de los objetivos.

En la fase de conclusión, los maestros se deberían centrar en el dominio procedimental, explicando cómo formular adecuadamente una conclusión y conectándola con la pregunta de investigación inicial. También estarían abordando el dominio epistémico, promoviendo que los estudiantes diferencien resultados, conclusión y discusión, así como meras opiniones de argumentos/afirmaciones basadas en pruebas.

Durante la fase de presentación/comunicación de resultados, los maestros deberían centrarse en el dominio social, haciendo al resto de miembros de la comunidad (en este caso, el aula de ciencias) conocedores de los resultados de la investigación realizada.

En la fase de profundización/ampliación, el objetivo sería reflexionar sobre el proceso de indagación llevado a cabo y los conocimientos adquiridos, así como profundizar o ampliar la comprensión del tema abordado; algo que abarcaría los dominios conceptual, epistémico, social y procedimental.

Finalmente, desde el punto de vista de la formación docente, el dominio pedagógico se abordaría en todas las fases, ya que requiere conocer en profundidad la ECBI para ser aplicada correctamente en las aulas.

¿Qué elementos es imprescindible tener en cuenta en la ECBI?

En este punto, cabe destacar que son tres los aspectos que deben tenerse en cuenta durante el diseño de indagaciones guiadas:

1. **El contexto de la actividad o situación de aprendizaje.** En este sentido, la narración de relatos o *storytelling* se constituye como una estrategia didáctica que permite presentar una actividad mediante una historia, con un hilo conductor claro y desafiante. Así, se favorece que el alumnado se imagine a sí mismo en situaciones similares de su vida cotidiana, dando un significado más próximo a la actividad. El

relato también les ayuda a comprender los contenidos abstractos, así que es idóneo para contextualizar las ideas científicas que se trabajarán. Además, para facilitar el aprendizaje, se pueden añadir esquemas o ilustraciones realistas y adecuadas al nivel educativo (Guevara-Herrero y Pérez-Martín, 2023).

2. **La pregunta de investigación.** Las preguntas investigables son aquellas que conducen a un proceso de obtención y análisis de datos que permita resolverlas. Es decir, deben responderse procesando la información disponible, provista por el docente o generada por el alumnado en sus investigaciones. Estas preguntas deben estar contextualizadas en un marco realista y relevante, y tener una orientación científica; es decir, conducir hacia la construcción de modelos o teorías científicas (Romero-Ariza, 2017). En este sentido, las preguntas de investigación tienen que dar indicios sobre los conceptos científicos y variables que se pretenden trabajar y relacionar. En este caso, la investigación que surja de la pregunta se debe poder realizar en un aula de Educación Primaria, y ha de ser factible en cuanto a materiales que utilicen los estudiantes, espacios, temporalización, etc.
3. **Andamiaje provisto por el docente.** Para guiar el proceso de indagación, además del propio diseño de los materiales de apoyo, que contienen andamios textuales, visuales, etc., el profesorado puede aportar:

   a. Explicaciones que permitan entender la pregunta investigable y lo que la actividad demanda.
   b. Recordatorios de los aspectos no considerados por el alumnado durante el proceso de indagación.
   c. Preguntas mediadoras (o "preguntas para pensar"), que conduzcan la reflexión de los estudiantes hacia los aspectos clave de la actividad, guíen sus discusiones y procesos de modelización, y fomenten la argumentación y el razonamiento científico (Esquivel-Martín y Matarranz, 2023). Estas preguntas suelen dar lugar a nuevas preguntas por parte del alumnado que van completando su proceso de aprendizaje. Así, esta estrategia didáctica favorece que el alumnado evalúe su conocimiento constantemente y desarrolle el pensamiento creativo al considerar distintas respuestas.

Considerando lo anterior, en el siguiente capítulo se propondrá una secuencia de trabajo con directrices para orientar al profesorado en el diseño de actividades de indagación que integren todos estos elementos.

¿Cómo podemos fomentar la implementación de la ECBI en Educación Primaria?

A pesar de los reconocidos beneficios de la ECBI, su presencia en las aulas sigue siendo escasa, sobre todo en Educación Infantil y Educación Primaria (Aguilera-Morales et al., 2018). Esta limitación se debe, principalmente, a la falta de formación adecuada del profesorado, lo que hace que no se sientan preparados para adoptar y adaptar este enfoque en sus aulas (Van Uum et al., 2016). Así, a menudo enfrentan dificultades para formular buenas preguntas de investigación que posibiliten al alumnado identificar las variables a estudiar, y para guiarlos en el diseño/planificación de las investigaciones que permitan dar respuesta a dichas preguntas (Bravo-Torija et al., 2023). Para ello, los docentes tienden a recurrir a métodos más estructurados, dando instrucciones demasiado explícitas sobre los pasos a seguir para comprobar las hipótesis; lo que contradice la esencia de la indagación guiada.

Por tanto, la efectividad de la ECBI depende de la capacidad de los maestros para proporcionar un andamiaje suficiente y adecuado al realizar actividades de indagación. Para lograrlo, es crucial apostar por la enseñanza de este enfoque didáctico (conocimientos teóricos, habilidades prácticas y perspectivas críticas) durante su formación inicial en las universidades, y por el desarrollo de recursos educativos que proporcionen ejemplos de prácticas efectivas de ECBI y faciliten dicha transición. Por todo ello, este libro muestra estrategias didácticas y ejemplos prácticos para orientar a los docentes durante el diseño e implementación de actividades de indagación guiada, integrando los dominios del conocimiento científico con las fases del proceso de indagación.

Referencias

Aguilera, D., Martín-Páez, T., Valdivia-Rodríguez, V., Ruiz-Delgado, A., Williams-Pinto, L., Vílchez-González, J. M., y Perales-Palacios, F. J. (2018). La enseñanza de las ciencias basada en indagación. Una revisión sistemática de la producción española. *Revista de Educación, 381*, 259-284.

Bravo-Torija, B., Bermúdez-Rochas, D., Mora-Urda, A. I., y Sánchez, N. (2023). "De la "receta de cocina" a la investigación: cambios en el rol del docente en el marco del aprendizaje basado en indagación". En M. González-Montero y A. Herráez Sánchez (Eds.), *Experiencias y estrategias de innovación educativa en ciencia, tecnología, ingeniería y matemáticas (III)* (pp. 55-62). SM.

Crawford, B.A., y Capps, D.K. (2018). Teacher Cognition of Engaging Children in Scientific Practices. En Y.J. Dori, Z.R. Mevarech, y D.R. Baker (Eds.),

Cognition, Metacognition, and Culture in STEM Education. Innovations in Science Education and Technology (pp. 9-32). Springer. https://doi.org/10.1007/978-3-319-66659-4_2

Esquivel-Martín, T. y Matarranz, M. (2023). El estudio de casos como método de enseñanza-aprendizaje: de la teoría al aula. En L. Cañadas y N. Hidalgo (Coords.), *Materiales docentes para el empleo de metodologías y procesos de evaluación formativa en la formación inicial de profesorado* (pp. 157-172). Dykinson. https://doi.org/10.14679/2313

Guevara-Herrero, I. y Pérez-Martín, J. M. (2023). Acciones educativas de éxito en las comunidades de aprendizaje: Grupos interactivos. Utilidad, componentes y ejemplos para educación infantil. En L. Cañadas y N. Hidalgo (Coords.), *Materiales docentes para el empleo de metodologías y procesos de evaluación formativa en la formación inicial de profesorado* (pp. 35-56). Dykinson. https://doi.org/10.14679/2307

Jiménez-Liso, M. R. (2020). Aprender ciencia escolar implica aprender a buscar pruebas para construir conocimiento (indagación). En D. Couso, M. R. Jiménez-Liso, C. Refojo, y J. A. Sacristán (Coords.), *Enseñando Ciencia con Ciencia* (pp. 53-62). Penguin Random House.

Ley Orgánica 3/2020, de 29 de diciembre, por la que se modifica la Ley Orgánica 2/2006, de 3 de mayo, de Educación (LOMLOE). *Boletín Oficial del Estado*, 340, de 30 de diciembre de 2020. https://www.boe.es/eli/es/lo/2020/12/29/3/co

National Research Council. (2000). *Inquiry and the National Science Education Standards. A Guide for Teaching and Learning*. National Academy Press.

OCDE. (2023). *Marco teórico de ciencias PISA 2025.* https://pisa-framework.oecd.org/science-2025/esp_spa/

Romero-Ariza, M. (2017). El aprendizaje por indagación: ¿existen suficientes evidencias sobres sus beneficios en la enseñanza de las ciencias? *Revista Eureka sobre Enseñanza y Divulgación de las Ciencias, 14*(2), 286-299. http://dx.doi.org/10.25267/Rev_Eureka_ensen_divulg_cienc.2017.v14.i2.01

Van Uum, M. S. J., Verhoeff, R. P., & Peeters, M. (2016). Inquiry-Based Science Education: Towards a Pedagogical Framework for Primary School Teachers. *International Journal of Science Education, 38*(3), 450-469. https://doi.org/10.1080/09500693.2016.1147660

2

ORIENTACIONES PARA EL DISEÑO DE ACTIVIDADES DE INDAGACIÓN EN EL AULA DE CIENCIAS

Lucía Casas-Quiroga y María José Sáez Bondía

Resumen

En este capítulo se presentan las orientaciones básicas para que el profesorado pueda diseñar y evaluar Actividades de Indagación. Concretamente, se exploran las siete fases del ciclo de indagación aplicadas a la indagación guiada descritas en el primer capítulo. Para cada fase se proponen estrategias de andamiaje para el docente y se proporcionan ejemplos sobre cómo aplicarlas en diferentes situaciones de aprendizaje. También, se presentan dos herramientas que permiten evaluar si el diseño de la actividad favorece la indagación entre el alumnado: un diagrama de flujo para plantear preguntas de investigación y una lista de cotejo. La primera herramienta sirve de apoyo en una de las fases más complejas en el diseño de actividades, como es el planteamiento de una buena pregunta de investigación. La segunda herramienta permite autoevaluar si la actividad diseñada cumple los criterios para abordar cada una de las siete fases de indagación. Además, puede ayudar a evaluar actividades que se encuentren en libros de texto y otras fuentes, valorando su utilidad.

¿Cómo empezar a diseñar actividades de indagación?

Tal y como se ha descrito en el capítulo anterior, diseñar actividades de indagación puede suponer un reto para el profesorado. Así, disponer de unas orientaciones para su planteamiento puede ser de utilidad en su labor docente. En contraste con el capítulo anterior, donde se justifica la importancia de promover la indagación en el aula, en este se aborda de forma pormenorizada la manera de hacerlo. Es decir, el primer capítulo nos presenta el por qué y el para qué de la indagación, mientras que este se centra en el cómo.

Por tanto, este capítulo tiene como objetivo aportar bases y herramientas para el diseño de este tipo de actividades considerando las siete fases propuestas por Van Uum et al. (2016): 1) introducción, 2) exploración, 3) diseño de la investigación, 4) conducción de la investigación, 5) conclusión; 6) presentación/comunicación y 7) ampliación.

En cada una de las secciones posteriores se aborda paso a paso las fases de la indagación señaladas, adaptándolas al planteamiento de una indagación guiada, donde el docente aporta la pregunta a investigar. En cada fase se hace hincapié en los aspectos más relevantes para generar actividades de indagación en el aula y se proponen herramientas para evaluar cada una de ellas. Para la fase de introducción, en la que se formula la pregunta de investigación, se presenta una herramienta para que los docentes se cuestionen si la pregunta que formularían a su alumnado al inicio de la actividad cumple, o no, las características para poder ser utilizada en una actividad de indagación. Además, se presenta una lista de cotejo con la que el profesorado puede comprobar si las actividades que ha diseñado son adecuadas para que su alumnado ponga en juego los dominios de conocimiento asociados a cada una de las fases de indagación y también para valorar la utilidad de recursos similares que puedan encontrar en la red o en libros de texto. Es decir, si gracias a la actividad se promueve un aprendizaje del alumnado centrado en conceptos de ciencias (dominio conceptual) o en procedimientos o si también se consideran aspectos relativos a la naturaleza de la generación del conocimiento científico tanto en su parte epistémica como social.

Fase 1: Introducción

En la fase de introducción se formula la pregunta de investigación (en adelante, PI). Esto cobra especial relevancia para los docentes si la indagación es guiada, ya que son ellos los que proponen la pregunta a investigar. Esto implica la necesidad de aprender a formular buenas preguntas de investigación, así como a diferenciarlas de aquellas que no lo son. Para lograrlo, se exploran las características de una buena PI y se presenta una herramienta que permite evaluar (y autoevaluar) si la pregunta con la que se comienza la actividad está formulada de manera que favorezca la indagación en el aula de ciencias.

El eje sobre el que se sustenta la construcción de conocimiento científico parte de una buena PI (Aguada-Bertea et al., 2023). Sin embargo, plantear una buena cuestión a investigar presenta una serie de dificultades.

Un ejemplo de pregunta que no favorece una indagación es la siguiente: ¿Aumentar la temperatura del agua hace que la sal se disuelva más rápido? Si la analizamos con detalle, podemos ver que la pregunta sólo tiene dos respuestas posibles en función de si ese aumento de temperatura provoca o no una variación en el tiempo que tarda la sal en disolverse. Además, demanda información sobre un proceso concreto que puede quedar desvinculado de las ideas científicas que hay detrás. En contraste, una buena PI debe cumplir una serie de requisitos, entre los que destacan los siguientes:

- Tiene que estar orientada a la construcción de un **modelo científico-escolar.** Por ejemplo, "¿Cuántas horas puedo estar mirando este hongo?" no contribuye al aprendizaje de las características o necesidades de estos organismos mientras que la pregunta "¿Cómo podríamos hacer para evitar que se desarrolle moho en el paté que tenemos abierto en la nevera?" favorece que el alumnado se cuestione las condiciones de temperatura y humedad que favorecen su desarrollo y reproducción, trabajando de esta forma una parte del modelo de ser vivo, la función de relación.
- Está **contextualizada** porque considera las investigaciones científicas del mundo real, los intereses y el entorno del alumnado. Esto ayuda a concretar las variables a estudiar.
- Se puede **comprobar**, ya que demanda que el alumnado se involucre en un proceso de recogida y análisis de datos y de extracción de conclusiones.
- Es **realista** porque promueve la creación de un diseño experimental abarcable en un tiempo y con unos recursos determinados.
- Es **concreta**, delimita la investigación entre posibles caminos a seguir. Esto se consigue considerando las variables a estudiar.
- Y tal y como se ha comentado, tiene que ser, en la medida de lo posible, **abierta**. Es decir, que no se pueda responder con un sí o un no, o buscando la información directamente en un libro o Internet, copiando y pegando el texto seleccionado tras la pregunta. Las pre-

guntas abiertas, al no poder ser respondidas de ese modo, obligan al alumnado a reelaborar ideas o a diseñar experiencias para responderlas (Tena y Couso, 2023).

A lo largo de los siguientes capítulos, en los que se detallan actividades de indagación, se plantean preguntas que siguen estos requisitos. Todas las actividades contemplan una situación de partida o contexto, basado en la lectura de situaciones cercanas al alumnado a partir de las cuales generan una o varias PIs. Un ejemplo de ellas es en el capítulo 8 dónde en un contexto relacionado con la higiene y transmisión de enfermedades surgen cuestiones como: "¿Cuál de los siguientes utensilios de la cocina de Marta está más "limpio", un trapo usado, el bote de conservas o el bote de lavavajillas? ¿En qué te basas?".

Esta pregunta invita a hacer comprobaciones recogiendo muestras y sembrándolas en medios de cultivo caseros para observar la cantidad de colonias bacterianas presentes en cada muestra. Por tanto, la hace una pregunta que permite una **comprobación** y es **realista**. Además, permite trabajar aspectos relacionados con la microbiología y el propio **contexto** delimita las **variables** (algo aparentemente "limpio" y algo aparentemente "sucio"). Asimismo, la pregunta **no se responde con un sí o un no,** ya que solicita las razones por las que se decantan por una opción u otra.

Al margen de las características que debe tener una PI, cuando tratamos de formularla, surgen muchas dudas. Por ese motivo, contar con una herramienta que ayude a formular PIs para el desarrollo de actividades de indagación puede ser de utilidad para el profesorado. Esta herramienta no se trata de algo nuevo, sino que se inspira en otros trabajos que han tratado de generar orientaciones y herramientas para el planteamiento de PIs. No obstante, la mayoría de ellas, como las planteadas por Tena y Couso (2023), se enmarcan en su uso por parte del alumnado de primaria en el contexto de indagaciones abiertas.

La figura 1 muestra la herramienta denominada APCIA (Análisis de Preguntas con Características para ser Investigables en el Aula). Se trata de un diagrama de flujo dinámico que invita a la evaluación de la PI formulada. Así, considera como primer punto clave la apertura de la pregunta, seguido de la consideración de variables, su carácter comprobable y realista y, finaliza, con la consideración del contexto o situación de la que emerge. Si no se considera alguno de los aspectos contemplados inicialmente, el diagrama propone orientaciones para solventar los puntos problemáticos y mejorar la PI inicial.

Ante su uso, es posible que surja la necesidad de utilizar varias plantillas, ya que los "tachones" están asegurados. No obstante, no hay que tomarlo como algo negativo, sino como un proceso de reelaboración y reestructuración. Es necesario señalar que un paso previo al uso de esta plantilla es tener claro el hecho o fenómeno relacionado con la ciencia que se quiere trabajar (por ejemplo, la relación de determinadas propiedades de los minerales con sus usos o la variación de las horas de luz solar a lo largo del año, relacionado con el modelo Sol-Tierra), ya que sin ello es posible que las preguntas puedan no estar científicamente orientadas.

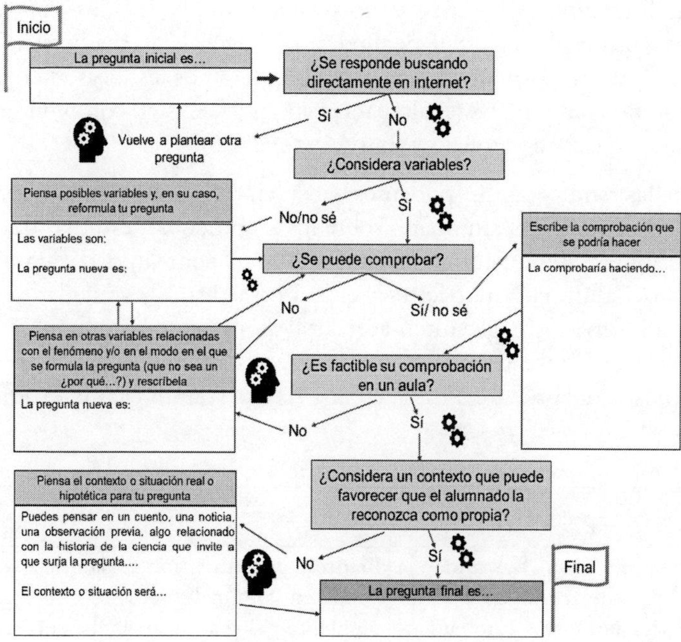

Figura 1. Diagrama de flujo para analizar PIs.
Herramienta disponible en: Diagrama APCIA

Así, tras el planteamiento de la PI contextualizada en un fenómeno científico adecuado al nivel educativo en el que se pretende abordar, se debería poder involucrar al alumnado promoviendo la expresión de sus ideas iniciales sobre el tema, iniciando así la fase de exploración.

Fase 2: Exploración

La fase de exploración es en la que se establece la conexión entre el fenómeno que se está estudiando y los conocimientos que tiene el alumnado sobre él. Por una parte, cobra mucha importancia conocer las ideas previas del alumnado sobre el tema a investigar, ya que estas concepciones son su punto de partida para dar sentido a los fenómenos que observan. Las ideas pueden ser alternativas y estar muy alejadas del consenso científico, por lo que se precisan estrategias para mejorar la comprensión del alumnado sobre los contenidos científicos relacionados con el tema abordado.

En el caso de las ideas previas, es importante destacar que las actividades propuestas no se deben limitar a confirmar que el alumnado las tiene, si no que se deben utilizar como punto de partida para que amplíe las ideas expresadas, en caso de ser incompletas, o trate de modificarlas hacia lo aceptado científicamente, en caso de ser alternativas. Es decir, consideramos las ideas alternativas del alumnado no como un obstáculo para el aprendizaje, sino como un inicio para construir nuevos conocimientos (Furió et al., 2006).

Entre las estrategias que podemos considerar para trabajar las ideas y mejorar la comprensión del alumnado sobre los fenómenos a estudiar destacamos: 1) discusiones en el aula, que ofrecen una gran oportunidad para contrastar las ideas del alumnado respecto al tema a investigar, 2) actividades prácticas más exploratorias, que permiten acercar al alumnado al fenómeno a estudiar y, 3) preguntas contextualizadas que susciten la reflexión del alumnado sobre sus propios conocimientos. En la tabla 1 se muestra un ejemplo sobre su uso.

Tabla 1. Ejemplo sobre cómo utilizar estas tres estrategias en la fase de exploración.

Situación de aprendizaje	Estrategias
Una empresa está buscando la forma más eficaz de transportar suministros entre dos campamentos situados en la orilla de un río, a unos kilómetros de distancia. Para ello disponen de materiales limitados, los cuales se presentan al alumnado. Para resolver el problema, los estudiantes deberán utilizar sus conocimientos sobre flotabilidad y sobre los diferentes factores que afectan a la flotabilidad.	**Plantear una discusión** en la que el alumnado ponga en común las ideas sobre los materiales propuestos y sus razonamientos sobre si estos flotan o no. **Actividad práctica** en la que dispone de muestras de estos materiales y de un tanque de agua que permite realizar comprobaciones sobre flotabilidad. **Pregunta contextualizada** en la propia situación de aprendizaje. La empresa plantea la siguiente cuestión: En el pasado utilizamos una plataforma hecha de tablas y pusimos los suministros encima. Al salir del primer campamento la plataforma flotaba, pero antes de llegar se hundió. ¿Qué pudo pasar?

La fase de exploración es fundamental para las actividades de indagación, ya que los conocimientos que tienen los estudiantes sobre un determinado fenómeno son los que les permiten plantear hipótesis y/o hacer predicciones justificadas relacionadas con la PI. Hay que considerar que plantear una hipótesis no implica contemplar absolutamente todas las posibilidades, sino razonar sobre el problema propuesto en base a los conocimientos científicos disponibles para justificar la respuesta que se propone.

De esta manera, se recomienda proporcionar al alumnado una guía que promueva la justificación de las hipótesis y/o predicciones planteadas. Con esto también se consigue un acercamiento a la forma de trabajar de los científicos, ya que tienen que considerar la información de la que disponen para sus justificaciones.

Fase 3: Diseño de la investigación

La fase de diseño de la investigación requiere que el alumnado se implique en un proceso activo de toma de decisiones que resultará en una planificación de los pasos a realizar para resolver la PI planteada.

Es importante destacar que si el proceso de planificación viene dado y el alumnado se limita a seguir una serie de pasos preestablecidos no estaríamos hablando de indagación guiada, sino de una experiencia de comprobación. Esto puede generar limitaciones para su aprendizaje científico, relacionado con los diferentes dominios de conocimiento presentes en esta fase, como se ejemplifica en la tabla 2.

Tabla 2. Relación entre las limitaciones que puede experimentar el alumnado durante la fase de diseño y los dominios de conocimiento a los que afectan.

No comprender que se pueden plantear varios diseños para resolver una misma PI. Esta idea lleva al alumnado a pensar que las investigaciones son procesos con pasos cerrados, existiendo una manera correcta de resolver un problema.	**Dominio epistémico**
No discriminar entre diseños mejor y peor planteados, ni entre las características que debe tener un buen diseño para una investigación, de las que no.	**Dominio procedimental**
No cooperar para llegar a un acuerdo sobre la mejor forma de proceder considerando diferentes perspectivas.	**Dominio social**

A continuación, se presentan recomendaciones para implicar al alumnado en la generación de un diseño experimental que permita responder a la pregunta a investigar.

Para el alumnado puede resultar muy complejo seleccionar la técnica más apropiada para el caso que se plantea, por ello el profesorado necesariamente debe proporcionar el andamiaje adecuado. En concreto, puede emplear la estrategia de realización de **preguntas que orienten** la toma de decisiones como: "¿Qué materiales necesito para investigar la cuestión? ¿Qué pasos se van a seguir para investigar la cuestión?" Estas cuestiones se pueden incluir en un cuaderno de trabajo o de laboratorio enmarcado en la actividad de indagación. Además, se pueden aportar ejemplos de diferentes diseños, para dar respuesta a una PI, con el objetivo de familiarizar al alumnado con las características de un buen diseño de investigación, antes de elaborar el propio.

Dos aspectos importantes que considerar cuando se oriente en el diseño de investigaciones a través de estas estrategias son: la reproductibilidad y la presencia de controles y réplicas. A continuación, se aclaran estos términos y en la tabla 3 se presenta un ejemplo sobre cómo orientar al alumnado para incluir controles y réplicas en sus diseños.

- La **reproductibilidad** es la capacidad de un experimento para ser replicado por otro grupo diferente siguiendo los mismos pasos. Esto implica que los pasos tienen que estar correctamente explicados y secuenciados.
- Los **controles** sirven para eliminar explicaciones alternativas, ya que se recogen resultados sin cambiar las condiciones del experimento, mientras que las **réplicas** (o repeticiones del experimento) sirven para obtener datos más fiables y para garantizar que los resultados obtenidos no son una anomalía o se deben a un error en el procedimiento.

Tabla 3. Ejemplo de andamiaje en la fase de diseño de la investigación.

Situación de aprendizaje	Andamiaje proporcionado
Debido a la sequía, cinco agricultores de un pueblo se han visto obligados a cultivar tomates en un invernadero, ya que estos permiten controlar mejor las condiciones en las que crecen. Después de dos años utilizando este método de cultivo, los agricultores se preguntan si están utilizando las mejores condiciones posibles para sus invernaderos y cómo podrían comprobarlo.	**Incluir controles**: Los cinco agricultores acuerdan utilizar condiciones diferentes de humedad, temperatura y ventilación y ver quién obtiene la mejor cosecha. Sin embargo, dos de ellos se olvidan de hacerlo y mantienen las condiciones de los años anteriores, obteniendo finalmente tomates de mayor tamaño. ¿Qué ha ocurrido? **Incluir réplicas**: Otro grupo de agricultores decide utilizar esas mismas condiciones y también obtienen buenos resultados en sus cosechas. ¿Qué significa esto?

Fase 4: Conducción de la investigación

En esta fase, el alumnado realiza su investigación de acuerdo con los pasos que ha elegido en la fase de diseño. En este momento cabe plantearles una cuestión de gran relevancia: "¿Qué diferencias podríamos observar si llevásemos a cabo nuestra investigación sin una planificación previa?" Esto permite que el alumnado conecte su diseño previo con una mejor ejecución de la investigación. Además, durante esta fase, tienen lugar dos eventos relevantes: la recogida e interpretación de los datos obtenidos.

Para que el estudiantado realice la recogida de datos, es necesario proporcionar unas orientaciones adecuadas, por ejemplo, plantear preguntas como "¿Qué datos recogemos? ¿Cómo lo vas a hacer?". Para ello, el o la docente debe considerar el tipo de datos y cómo que se recogerán. "¿Se prevé el uso de una tabla que facilite el registro de los datos? ¿La actividad plantea la creación de un informe que recoja los resultados obtenidos?" La importancia de que los resultados de las investigaciones queden bien registrados radica en la imposibilidad de obtener conclusiones fiables si no podemos comparar y analizar esta información. Otra estrategia es ofrecer diferentes alternativas sobre datos que podrían recoger y la información que nos proporciona cada una de estas fuentes para responder a la PI. Esto ayuda a que el alumnado reflexione sobre si la información recogida es relevante o no (ver ejemplo en la tabla 4).

Tabla 4. Ejemplo para ayudar al alumnado a definir su estrategia de recogida de datos.

Situación de aprendizaje	Datos presentados	Preguntas para orientar
Un grupo de científicos se está planteando si es viable que la población de una determinada ciudad incluya insectos en su dieta para aumentar el consumo de proteínas. Es necesario hacer una recomendación sobre cuál sería el mejor insecto para el consumo, así que cabe preguntarse los datos que sería relevante recoger.	-Tamaño del insecto. -Contenido medio de proteínas. -Velocidad a la que se reproduce.	¿Cuál sería el dato o los datos más relevantes para decidirse por el mejor insecto? ¿Cuál es la razón?

Atendiendo a la autonomía del alumnado y su experiencia en el desarrollo de actividades de indagación, el docente puede considerar proporcionar herramientas que sirvan de guía para interpretar los datos obtenidos. Se puede proporcionar material muy diverso, teniendo en cuenta que debe adaptarse al nivel educativo del alumnado para el que se diseña la actividad.

Utilizando el ejemplo anterior, se puede proporcionar una guía con datos como la cantidad diaria de proteínas que necesita una persona o información sobre la aportación nutricional de diferentes insectos. También podemos plantear una situación en la que uno de esos insectos tenga un mayor aporte de proteínas, pero un ciclo de vida más largo que hace más difícil obtener una cantidad de proteínas mayor.

En la fase de conducción de la investigación, el docente deberá proporcionar al alumnado el andamiaje necesario para seleccionar los datos relevantes para responder a la PI y proporcionar información seleccionada y adaptada al alumnado permitiéndole interpretar los datos adecuadamente.

Fase 5: Conclusión

Esta fase se centra en las conclusiones de la investigación, en la respuesta o respuestas a la cuestión planteada inicialmente. La conclusión está conectada a la PI a través del proceso que tiene lugar durante la actividad de indagación. Es importante que haya coherencia entre las diferentes fases de la indagación entendiendo que:

- La pregunta de investigación es el paso inicial que nos sitúa en un contexto en el que se estudia un fenómeno determinado.
- Ese fenómeno está relacionado con un conocimiento científico más o menos familiar para el alumnado, lo que afecta a las hipótesis y/o predicciones que puedan plantear.
- Para estudiar ese fenómeno, el alumnado puede plantear un diseño experimental que permita dar respuesta a la pregunta de investigación.
- Ese diseño prevé que se realicen unos determinados pasos, considerando también los datos que se recogen y la forma de interpretar los resultados.
- La conclusión dada por el alumnado proporciona una respuesta para la PI y está basada en los resultados de la investigación y en el conocimiento científico del fenómeno que se está explorando.

De esta forma, el docente debe proporcionar las herramientas para que el alumnado pueda formular adecuadamente una conclusión. Una de las estrategias es demandar directamente al alumnado que exponga aquellos datos que les permiten apoyar su conclusión. Otra es utilizar incentivos, como indicar que una empresa escogerá la propuesta cuyas conclusiones considere más fiables.

La fase de conclusión es en la que el alumnado contrasta sus ideas iniciales. La situación ideal es que los conocimientos del alumnado sobre el fenómeno a investigar aumenten a medida que avance la actividad de indagación. Por tanto, a diferencia de la fase de exploración, al finalizar la actividad debería tener mayor capacidad para fundamentar la aceptación de ciertas hipótesis y el rechazo de otras.

Promover oportunidades para que el alumnado sea quien enfrente sus ideas previas con sus resultados favorece que éste entienda que sus afirmaciones pueden estar en mayor o menor medida apoyadas por las pruebas, y por ello tener mayor o menor validez. En este sentido se busca que deje atrás afirmaciones como "Pues yo creo que las vacunas son peligrosas" para pasar a cuestionar las pruebas existentes.

Fase 6: Comunicación/Presentación

En esta fase tiene lugar la comunicación de los resultados de la investigación realizada al resto de miembros de la comunidad (nos podemos referir al resto de integrantes del aula de ciencias, al centro educativo o fuera de éste).

Es importante familiarizar al alumnado con la parte divulgativa de la investigación, de modo que entienda que los resultados obtenidos sirven para responder a un problema concreto y pueden derivar en mejoras y beneficios para la comunidad. Para ello, hay que plantearse la forma adecuada de presentar los resultados y conclusiones considerando que otras personas pueden no estar familiarizadas con el proceso que se ha seguido durante la investigación o con los conocimientos científicos que hay detrás.

Como docentes, lo primero que cabe preguntarse es cómo proporcionar una guía adecuada para ayudar a que el alumnado presente los resultados de su investigación. En primer lugar, se puede estudiar cuál es el mejor formato (oral o escrito) para realizar la comunicación de los resultados. Podría ser una presentación de diapositivas, un vídeo, un póster o una asamblea. Las posibilidades son muy diversas, por lo que conviene que el alumnado reflexione sobre las ventajas e inconvenientes que ofrece cada formato antes de decidirse.

Si buscamos ir un paso más allá, y compartir los resultados de las investigaciones con el resto de la comunidad educativa, se puede utilizar un formato de "Feria de la Ciencia" en el que los y las estudiantes disponen de un *stand* con todo el material que necesiten para explicar cómo su diseño contribuye a solucionar el problema a investigar, así como los resultados obtenidos tras ponerlo en práctica. Este formato permite un intercambio cercano que se puede ver beneficiado por el reconocimiento del resto de la comunidad educativa y el *feedback* de otros compañeros y profesores. Otra forma podría ser la participación en un congreso (dentro del centro o fuera de éste) en el que las propuestas se presentan en formato comunicación oral o póster, y se plantea un turno de preguntas para las aclaraciones o dudas sobre la investigación realizada. Esto contribuye a ampliar el alcance de las actividades de indagación del aula de ciencias.

Fase 7: Profundización/Ampliación

La fase de profundización o ampliación persigue dos objetivos principales. El primero es que el alumnado pueda reflexionar sobre los conocimientos adquiridos mediante la actividad de indagación. Estos conocimientos pueden situarse en cada uno de los cuatro dominios de conocimiento relacionados con el ECBI (conceptual, procedimental, epistémico y social). En este caso no se consideraría el dominio pedagógico, ya que este solo está relacionado con el profesorado.

La recomendación para que los docentes puedan guiar la reflexión de los estudiantes sería la utilización de preguntas específicas para cada dominio. A continuación, se presentan una serie de preguntas junto con el dominio de conocimiento que favorecen.

- "¿Qué ideas no conocías sobre el tema que te ha ayudado a aprender la actividad realizada?" favorece la reflexión sobre el dominio conceptual.
- "¿Por qué debemos registrar los datos durante la investigación?" favorece la reflexión sobre el dominio procedimental.
- "¿En qué nos ayuda compartir nuestros diseños con otros grupos?" favorece la reflexión sobre el dominio social.
- "¿En qué se parece nuestra forma de trabajar a la de los científicos?" favorece la reflexión sobre el dominio epistémico.

El segundo objetivo está relacionado con la ampliación sobre el tema abordado, algo se puede llevar a cabo de múltiples formas. Una de ellas es que el alumnado se plantee nuevas cuestiones a investigar a partir de los resultados obtenidos. Esto puede hacerse a través de un debate en el aula en el que se consideren los aspectos de la cuestión que han quedado sin responder. Después, se podrían plantear nuevas hipótesis, dando lugar a un nuevo ciclo de indagación, tal y como mencionan Van Uum et al. (2016).

¿Cómo saber si mi Actividad de Indagación está bien planteada?

Para finalizar este capítulo, se presenta una lista de cotejo para que el profesorado pueda autoevaluar la actividad diseñada u otras encontradas en diferentes fuentes de información (figura 2). Cada elemento de la lista se asocia con las siete fases de la indagación guiada consideradas en este capítulo.

Es importante destacar que las actividades de indagación no siempre hacen hincapié en todos los aspectos considerados en la lista de cotejo. Algunas actividades otorgan más peso a la parte de diseño, mientras que otras promueven una fase de exploración más detallada. A lo largo de este libro nos encontraremos actividades de indagación diseñadas por maestras. Estas actividades de indagación guiada se han diseñado considerando los aspectos que se han presentado en este capítulo.

LISTA DE COTEJO PARA ACTIVIDADES DE INDAGACIÓN	
FASE	**La actividad de indagación diseñada...**
1. Introducción	❑ Plantea una pregunta relacionada con un fenómeno o hecho científico ❑ Presenta un fenómeno objeto de estudio contextualizado y que tiene en cuenta la realidad del alumnado ❑ Comienza con una pregunta investigable: abierta, concreta, que se puede comprobar y cuya comprobación es realista
2. Exploración	❑ Considera las ideas previas del alumnado sobre la cuestión a investigar ❑ Propone estrategias para mejorar la comprensión del alumnado sobre los contenidos científicos relacionados con el tema ❑ Favorece que se planteen las hipótesis y/o predicciones apoyadas por el conocimiento científico
3. Diseño	❑ Proporciona una guía para que el alumnado seleccione la técnica y el instrumento adecuado para llevar a cabo la investigación ❑ Promueve que el alumnado clarifique los pasos a seguir y los materiales a utilizar ❑ Favorece que el alumnado considere la necesidad de incluir controles y réplicas
4. Conducción	❑ Proporciona una guía para que el alumnado seleccione un instrumento para la recogida de datos acorde con su planificación ❑ Proporciona materiales adaptados que sirvan de apoyo para la interpretación de los resultados de la investigación
5. Conclusión	❑ Promueve que el alumnado utilice pruebas para apoyar las conclusiones derivadas de la investigación ❑ Favorece que el alumnado relacione sus conclusiones con el conocimiento científico adquirido para aceptar y rechazar las hipótesis
6. Comunicación	❑ Suministra una guía para que el alumnado reflexione sobre como comunicar los resultados de la investigación ❑ Promueve que el alumnado escoja un formato de forma justificada para comunicar los resultados
7. Ampliación	❑ Favorece que el alumnado reflexione sobre cómo la indagación influye en la mejora del conocimiento conceptual, procedimental, social y epistémico ❑ Incorpora estrategias que permiten al alumnado ampliar sus conocimientos sobre el tema propuesto

Figura 2. Lista de cotejo para el diseño de actividades de indagación. Herramienta disponible en: Lista de cotejo Actividades de Indagación

Referencias

Aguada-Bertea, M. R., Pipitone-Vela, C., y Marbá-Tallada, A. (2023). Aprender a formular preguntas investigables en la formación inicial del profesorado de educación primaria. *Revista Eureka sobre Enseñanza y Divulgación de las Ciencias, 20*(2), 260101. https://doi.org/10.25267/Rev_Eureka_ensen_divulg_cienc.2023.v20.i2.2601

Furió, C., Solbes, J., y Carrascosa, J. (2006). Las ideas alternativas sobre conceptos científicos: Tres décadas de investigación. *Alambique, 48*, 64-77.

Tena, È., y Couso, D. (2023). El diseño de preguntas investigables en el ciclo superior de primaria. *Enseñanza de las Ciencias, 41*(1), 101-123. https://doi.org/10.5565/rev/ensciencias.5573

Van Uum, M. S. J., Verhoeff, R. P., y Peeters, M. (2016). Inquiry-Based Science Education: Towards a Pedagogical Framework for Primary School Teachers. *International Journal of Science Education, 38*(3), 450-469. https://doi.org/10.1080/09500693.2016.1147660

3

INTRODUCIR EL MODELO DE SER VIVO A PARTIR DE ORGANISMOS NO PROTOTÍPICOS: ¿CÓMO CONSEGUIR QUE NO SALGA MOHO EN LA FRUTA?

Beatriz Bravo Torija

Resumen

En esta propuesta, dirigida al primer ciclo de Educación Primaria, se trabaja el modelo de ser vivo a partir del uso de los mohos, organismos muy cercanos a la realidad del alumnado, pero a los que no suele identificar como ser vivo. A partir de la pregunta de ¿Cómo evitar la aparición de mohos en las fresas de María? Se propone al alumnado hacer una pequeña investigación que implica reconocer que los mohos, como seres vivos, se relacionan con su entorno, y que, para poder desarrollarse, requieren de unas condiciones de temperatura y humedad adecuadas. A través de una indagación guiada, los y las estudiantes desarrollarán destrezas propias de los científicos como el razonamiento del problema y la propuesta de soluciones (posibles hipótesis), la identificación de variables a estudiar, el diseño de una investigación, la recogida e interpretaciones de datos o la obtención de conclusiones. Para facilitar al profesorado la implementación de la actividad se proporciona el material para el alumnado, así como una descripción detallada de cómo llevar la propuesta al aula.

Fundamentación

El modelo de ser vivo es uno de los principales conocimientos que se han de adquirir en la etapa de Educación Primaria (Ministerio de Educación y Formación Profesional, 2022). Desde el primer ciclo se comienzan a trabajar las diferencias entre ser vivo y ser inerte a través de distintas experiencias, entre ellas el cultivo de una semilla.

En este capítulo se ofrece una alternativa a esta actividad, trabajar con mohos, un tipo de organismo observable y con el que el alumnado ha podido interaccionar. Además, de formar parte de reinos de los que el alumnado en estas edades no suele tener constancia, ya que la mayoría de las propuestas de aula en las que trabaja el ser vivo se relacionan con animales, o con plantas (Rodríguez-Melero, et al., 2020). Gracias al empleo de otros ejemplos, el alumnado puede enriquecer su modelo de ser vivo reconociendo características clave como su relación con el entorno, o que un ser vivo siempre procede de otro ser vivo. Esta última idea es importante abordarla ya que mucho alumnado sigue considerando la existencia de la generación espontánea (Garrido y Martínez, 2009). De esta forma conseguimos ampliar la idea de que un ser vivo es aquel que nace, crece, se reproduce y muere a algo más complejo (De las Heras y Jiménez-Pérez, 2011) (Tabla 1).

Tabla 1. Resumen de saberes básicos y competencias que se trabajan con la propuesta (adaptado del Real Decreto 157/2022)

Saberes básicos	Competencias
Necesidades básicas de los seres vivos, y la diferencia con los objetos inertes Clasificación e identificación de seres vivos de acuerdo con sus características observables Relación del ser vivo con sus funciones vitales Reconocimiento de que un ser vivo siempre procede de otro ser vivo	Diseñar una investigación para responder a una pregunta de investigación Seleccionar y emplear distintas estrategias para resolver problemas Construir dibujos o diagramas como representaciones de eventos o sistemas Decidir qué datos se van a recoger, cómo lo van a hacer y qué herramientas utilizarán para ello Analizar datos y reconocer pautas entre ellos Construir sus explicaciones sobre distintos fenómenos utilizando sus conocimientos científicos Producir textos o presentaciones para comunicar sus ideas y logros

La propuesta está en contextualizada en una situación que se puede encontrar, como la aparición de moho en la fruta de su amiga María quien les pide su colaboración para evitar que le vuelva a ocurrir. Ayudándola a resolver este problema, el alumnado conseguirá poner en práctica destrezas propias de los científicos como la identificación de variables, en este caso qué es lo que necesita el moho para poder desarrollarse, así como planificar una pequeña investigación para comprobarlo, demostrar por ejemplo qué ocurre si disminuimos la temperatura en la que se desarrolla el moho.

Objetivos

El objetivo general es identificar cómo se podría evitar el crecimiento del moho a partir de considerar sus necesidades básicas para sobrevivir, y reconocer cómo limitarlas para evitar que el moho pueda crecer. Este objetivo se divide en los siguientes objetivos específicos:

- Identificar cuáles son las necesidades básicas del moho, como ser vivo, para poder sobrevivir.
- Relacionar estas necesidades con las variables a estudiar como temperatura, humedad y presencia de aire.
- Diseñar una forma de comprobar cómo influyen estas variables en el crecimiento y desarrollo del moho.
- Realizar un registro e interpretación de datos adecuado al ciclo en el que se encuentra el alumnado.
- Obtener conclusiones considerando cómo influyen las variables en el crecimiento del moho y qué podrían hacer para evitar su aparición.
- Elaborar informes sobre el trabajo realizado, comunicando sus ideas a través de dibujos y breves explicaciones.

¿Cómo conseguir que no salga moho en la fruta?

En este apartado se describe en detalle el desarrollo de la actividad de indagación (investigación), presentando el material para el alumnado y realizando sugerencias de implementación en el aula. Se propone realizar la actividad durante dos semanas; comenzar con dos sesiones seguidas, en la primera se plantea el problema y se razona sobre él, y en la segunda se considera cómo se va a realizar la investigación. Luego, se recomienda una semana de registro de datos, para finalizar con una sesión de obtención de conclusiones y resolución del problema. Antes de comenzar a realizar la actividad se sugiere dividir a la clase en grupos de trabajo o equipos, pueden ser los habituales en el aula.

Para situar al alumnado en la investigación a realizar, y favorecer que reconozca cuál en su papel, se les presenta el caso a resolver (se recomienda que se haga de forma oral, y proyectando el problema en la pizarra electrónica, si hubiera disponible). También se proporciona un cuaderno de investigación dónde se recogen todas las preguntas que guían la actividad y que servirá al profesorado como instrumento para evaluar.

"Mi amiga María estaba muy ilusionada el lunes porque al día siguiente podría traer a clase las fresas que había cogido el sábado en el huerto de su abuelo, pero cuando el martes fue a guardarlas se encontró que estaban así:

Está muy disgustada, y me ha pedido ayuda para averiguar:

¿Quién o qué creéis que ha hecho que las fresas se pusieran malas? ¿Cómo os lo imagináis? Haz un dibujo describiendo su estructura y partes".

Esta introducción busca que el alumnado comience a razonar sobre el problema planteado. Para facilitar el proceso, en primer lugar, se plantea que consideren qué tipo de organismo ha podido causar que se estropeasen las fresas, para ello se añade una imagen para que el alumnado pueda evocar con facilidad la situación. Además, debe pensar cómo es. En este punto, es clave conocer sus ideas iniciales acerca de cómo se imaginan el organismo, considerando qué características externas presenta. Para, al final de la propuesta, poder comparar sus ideas finales con las iniciales. Para favorecer el proceso, se presenta en el cuaderno de trabajo la siguiente tabla:

Dibujo antes de la tarea	Dibujo al finalizar

Se sugiere realizar una puesta en común para reconocer si el organismo del que están tratando es un moho o consideran otros. Si ningún alumno o alumna llega a reconocerlo, se podrían realizar preguntas como ¿Qué organismo pensáis que es? ¿Cómo lo habéis dibujado? ¿Por qué? ¿En qué situaciones habéis visto algo similar a lo que ha ocurrido en la foto? Con ellas, se pretende favorecer el razonamiento del alumnado, sin proporcionar la respuesta.

En el paso siguiente, se presenta las preguntas de investigación:

> *"Si como reto tenéis que ayudar a María para conseguir evitar que esto ocurra otra vez ¿Qué deberíais tener en cuenta?*
>
> *¿Cómo creéis que influye lo que habéis indicado en la aparición del moho en la comida?".*

Con estas preguntas, se favorece que el alumnado pueda dar soluciones al problema, o en otros términos formular sus hipótesis acerca de cómo influyen los distintos factores identificados en el crecimiento del moho. En este caso, dado los cursos en los que nos encontramos, los factores que se consideran son la temperatura, la presencia o ausencia de agua y la presencia o ausencia de aire. Además, debe reconocer qué siempre es necesario la presencia de alimento, siendo las fresas el alimento que necesitan los mohos. Esto último es importante ya que, en muchas ocasiones, considera que son parte del propio organismo, no un requisito más para que este se desarrolle.

Después, debe relacionar cada factor como cómo cree que influirá en el crecimiento del moho. El alumnado suele reconocer que los mohos se encuentran en lugares oscuros y con agua (humedad). Muchos de ellos identifican que los han encontrado en la nevera.

El trabajo del docente es que conecten estas observaciones con las variables a investigar que serían la temperatura y la presencia de agua. Para conseguirlo se pueden hacer preguntas como ¿Qué tienen en común los sitios dónde habéis dicho que se encuentran los mohos, o sitios oscuros o en la nevera? ¿Con qué lo podríamos relacionar?

Una vez definido qué es lo que influye en el crecimiento del moho, y cómo, se pasaría a la fase de diseño de la investigación (Figura 1). Se recomienda, si no se ha trabajado antes de esta forma, que se haga en común con toda la clase, y que los alumnos y alumnas vayan definiendo cómo van a hacer, aunque luego cada equipo trabaje sobre una variable en concreto.

Para que el alumnado pueda realizar la actividad se sugiere tener como material general fruta, pueden ser fresas o similar, recipientes transparentes para dejar las muestras, bolsas de zip, rotuladores para poner nombre a las muestras. Para la variable temperatura, se necesitaría un frigorífico, puede ser el de la cocina del colegio, o el de la sala de profesores, y un tostador o similar. Para la variable humedad (presencia o ausencia de agua) sería necesario un pulverizador y el tostador, como en el caso anterior. Para presencia o ausencia de aire, podemos emplear la bolsa de zip, quitando todo el aire posible antes de cerrarla, o un recipiente lo más hermético posible.

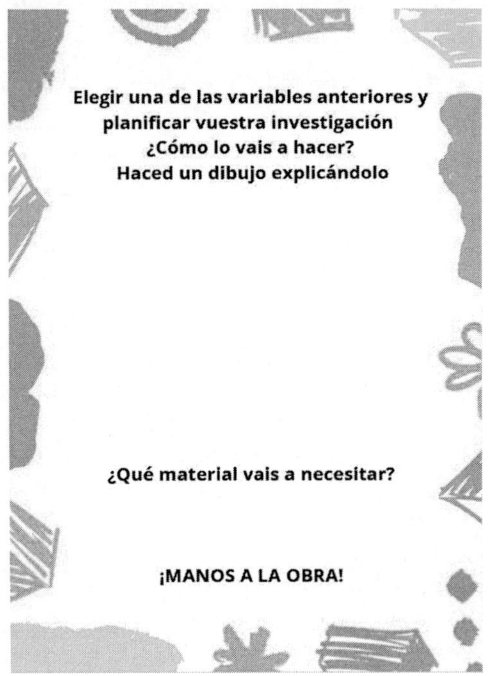

Figura 1. Fragmento cuaderno de investigador: Planificación de la investigación.

En este punto hay que ayudar al alumnado a considerar que necesitan que una de las muestras de fruta tenga las condiciones adecuadas para que el moho pueda crecer. De esta forma podrán comparar lo que ocurre en ese caso (muestra control) con lo que ocurre en el caso en que se limita su crecimiento. La consideración de muestras control es compleja por ello se sugieren preguntas como ¿Cómo vais a poder comparar lo que pasa en tu muestra frente a si el moho estuviera con todo lo que necesita? ¿Qué se os ocurre que podríamos hacer? Además, es importante que marquen correctamente con rotulador sus muestras para seguir correctamente la observación.

Para la observación se sugiere emplear una semana, y que una vez al día, un miembro de cada grupo consulte cómo están sus muestras de fruta, y haga la recogida de datos pertinente.

Para el registro y análisis de datos se ofrecen dos opciones en base a la experiencia que tenga el alumnado con las actividades de investigación. Se puede solicitar que nos digan cómo se les ocurre recoger los datos, o sea, qué se les ocurre hacer para conocer cuándo crece el moho en la fruta y cómo se desarrolla. Si no han trabajado de esta forma, en la figura 2 se muestra un ejemplo de registro de datos que podrían realizar.

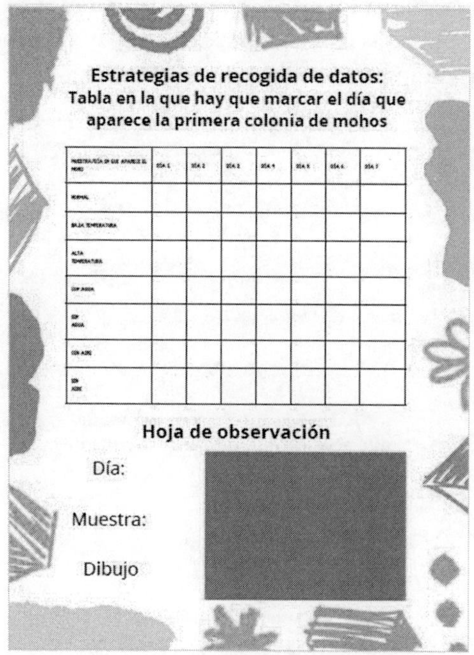

Figura 2. Fragmento de cuaderno con sugerencias para la recogida de datos.

En primer lugar, se muestra una tabla, en la que se disponen las muestras y los días en que se van a observar. Se solicita que marquen con una X, en cada muestra, el día que aparece la primera colonia de mohos. Se sugiere completar la observación con una ficha que incluiría día de observación, la muestra y un dibujo que muestre cómo se encuentra la fruta cada día. Una vez realizado este registro, juntando todas las hojas, podrán identificar, a través de sus representaciones, cómo ha ido cambiando la fruta y lo que ha ocurrido en cada caso con el moho. Dado que tendrían la observación realizada por su grupo con una variable, y las del resto con las otras, entre todos podrían ver la diferencia en el proceso de crecimiento del moho, y considerar cómo ha influido cada variable en base a cuándo aparece el moho, en cada caso, y cómo ha ido cambiando.

Para ayudar en este proceso en la figura 3 se muestra el fragmento de cuaderno con las preguntas que guiarían al alumnado. La primera se relaciona con la interpretación de los resultados. En la segunda se solicita la conclusión a la actividad. En ella, el alumnado debe relacionar los resultados encontrados con cómo ha influido en cada caso de crecimiento del moho quitar uno de los requisitos que necesita para desarrollarse. Esto lo tiene que conectar con cómo ayudarían a María a evitar el crecimiento del Moho. En la última pregunta se solicita revisar su respuesta inicial y compararlo con lo sucedido, identificando semejanzas y diferencias con las conclusiones y su explicación según cómo consideran que se comporta el moho en cada muestra.

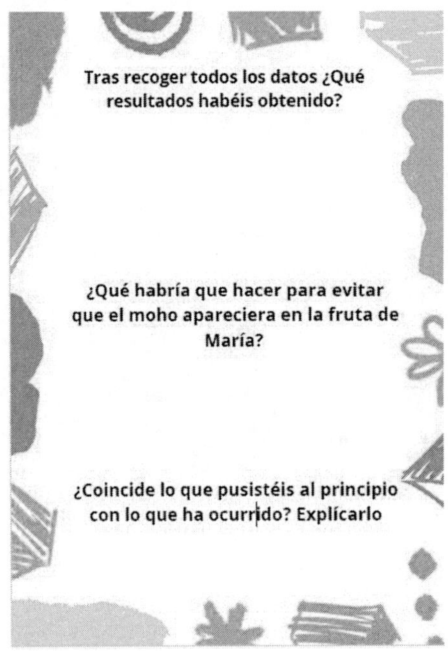

Figura 3. Fragmento de cuaderno que favorece la interpretación de resultados y la obtención de conclusiones.

Para terminar la actividad, y ayudar a que el alumnado sea consciente de su aprendizaje, se solicita que vuelva a realizar el dibujo del moho, considerando qué ha modificado y la razón. También, se realizan preguntas sobre qué han aprendido, qué les ha gustado y qué cambiarían si pudieran. De esta forma el profesorado puede reconocer si el alumnado ha percibido que la actividad perseguía los mismos objetivos que para el docente y también se obtiene un *feedback* sobre cómo se ha sentido el estudiantado.

Criterios y herramientas de evaluación

Para evaluar esta actividad se cuenta con el cuaderno de investigador de cada grupo y con una lista de cotejo que, como docente, será útil para identificar que llega a hacer cada grupo mientras realiza la actividad (Tabla 2).

Tabla 2. Lista de cotejo para evaluar el desempeño de los grupos de trabajo durante la actividad.

	No lo realiza	Presenta dificultades	Lo realiza sin problemas	Observaciones
Identifica cuáles son las necesidades básicas del moho para sobrevivir				
Relaciona las necesidades básicas con las variables a estudiar				
Diseña una forma de comprobar cómo influyen las variables en el crecimiento del moho				
Realiza un registro e interpretación de datos adecuado				
Obtiene conclusiones considerando qué deberían hacer para que no pudieran desarrollarse				
Elabora informes sobre el trabajo realizado, comunicando sus ideas				

Se sugiere evaluar de forma grupal, aunque la lista de cotejo desarrollada también permitiría hacer una evaluación individual del aprendizaje de cada alumno.

En la lista de cotejo (Tabla 2), cada ítem corresponde a un criterio de evaluación. Se establece un continuo desde no lo realiza hasta conseguido.

También, se añade una columna de observaciones para matizar aspectos que se consideren relevantes del desarrollo de la actividad. Esta lista también sirve para evaluar el cuaderno de investigación.

Consideraciones a tener en cuenta antes, durante y tras la aplicación de la propuesta

En cuanto a la propuesta, esta actividad podría desarrollarse dentro de la unidad didáctica en que se traten los seres vivos e inertes como introducción a la idea de ser vivo o como aplicación del conocimiento adquirido. Para poder realizarla de forma adecuada es necesario conocer qué considera el alumnado como ser vivo, en base a lo que ha construido en el curso o etapa anterior y qué limitaciones de las señaladas en la fundamentación podría presentar, dado que esta información será útil para saber si será necesario emplear las preguntas de andamiaje que se sugiere en la descripción de la propuesta. Además, es importante conocer qué experiencias previas ha tenido el alumnado con trabajos experimentales sobre el ser vivo, y qué recuerda, ya que nos ayudará a establecer si previamente ha realizado una actividad de investigación y si está familiarizados con las destrezas científicas, sobre todo en la parte de diseño de investigación y recogida de datos. Para esto último, si es la primera vez que el alumnado lo lleva a cabo, se sugiere emplear los diseños que aparecen en la figura 2, aunque siempre intentando razonar con el alumnado qué datos se decide recoger y la razón.

Por último, dado que en el primer ciclo el nivel de lectoescritura es muy variable, el cuaderno diseñado solicita manejar el dibujo, principalmente, al que se pueden ir añadiendo pequeñas descripciones. En todo momento es importante que el alumnado pueda exponer sus ideas al docente de forma oral, por ello si se considera necesario se podrían leer las preguntas del cuaderno, y que el alumnado las respondiera oralmente, aportando sus contribuciones hasta llegar a consensos. En las actividades de investigación, a pesar de la importancia que tiene la comunicación de ideas y logros, es una de las fases a las que se les presenta menos atención, pero es muy importante hacerlo.

Referencias

De las Heras, A. M., y Jiménez-Pérez, R. (2011). La enseñanza del ser vivo en primaria a través de una secuencia de estrategias indagatorias. *Alambique*, 67, 71-78.

Garrido, M., y Martínez, C. (2009). ¿Qué enseñar sobre los seres vivos en los niveles educativos iniciales? *Aula de Innovación Educativa, 183*, 34-36.

Ministerio de Educación y Formación Profesional (2022). Real Decreto 157/2022, de 1 de marzo, por el que se establecen la ordenación y las enseñanzas mínimas de la Educación Primaria.

Rodríguez Melero, A. M., Cáceres Ruiz, M. J., y Franco-Mariscal, A. J. (2021). ¿Cómo hacemos crecer una planta? Una indagación con niños de 3 años de educación infantil. *Enseñanza de las Ciencias, 39(*3), 231-253. https://doi.org/10.5565/rev/ensciencias.3345

4

EL MISTERIO DEL ARTRÓPODO EXTINTO: ¿CÓMO AVERIGUAMOS A QUE GRUPO PERTENECE?

Lucía Domínguez Yáñez y Victoria Sánchez Díaz-Maroto

Resumen

En este capítulo se presenta un proyecto de investigación sobre los animales invertebrados. Está diseñado para el primer ciclo de Educación Primaria y tiene una duración aproximada de dos sesiones. En él se propone al alumnado una situación de aprendizaje en la que se le demanda conocer e identificar las características observables de un organismo fósil que alumnos, de un curso superior, han encontrado y no consiguen identificar a qué grupo de artrópodos pertenece y piden ayuda. Para resolver el problema el estudiantado tendrá que decidir qué fuente de datos es la más adecuada para conocer el grupo al que pertenece el organismo problema, cómo emplear esa fuente de información para averiguarlo y conseguir dar una respuesta a sus compañeros y compañeras del otro curso. Gracias a esta investigación los y las alumnas no solo abordan y afianzan las características que definen a los artrópodos, sino que también ponen en juego competencias (destrezas) de los científicos como la formulación de hipótesis, la clasificación e identificación de organismos a partir de características observables o la toma de decisiones en base a las pruebas disponibles.

Fundamentación

Actualmente, la sociedad vive en un ambiente alejado del entorno natural y esto puede traer dificultades al alumnado al relacionar la biodiversidad con su realidad. Los contenidos conectados con la biodiversidad y las características de los distintos reinos se centran sobre todo en el reino animal, y dentro de este en los animales vertebrados, aunque, en los últimos años, los invertebrados han comenzado a recibir más atención (Puig y Gómez, 2021). A pesar de ello, seguimos encontrando ideas alternativas entre el alumnado de Educación Primaria, sobre todo del primer ciclo, como considerar animales solo a los vertebrados de gran tamaño que pueden ver en entornos como el zoo (Mayorga y Flórez, 2017). Sin embargo, otros como los artrópodos, siendo los más numerosos, no los reconocen (Álvarez et al., 2017).

Para superar esta problemática, se propone trabajar sobre estos organismos, ya que resulta muy enriquecedor por las características que presentan como la segmentación del cuerpo o el diferente número de patas (Gálvez Esteban, 2021). Esto además ayuda a reconocer que dentro de los artrópodos no solo se encuentran los insectos, a los que suelen denominar como "bichos", sino también crustáceos, miriápodos y arácnidos. Los dos últimos, también considerados dentro de los "bichos", asociándolos con algo dañino y generando cierta repulsión. Todo ello hace que les asignen clasificaciones inadecuadas y características erróneas (Mayorga y Flórez, 2017). Por lo expuesto, Puig y Gómez (2021) proponen la utilización de estos organismos como recurso didáctico, pero siempre partiendo de situaciones contextualizadas en la realidad.

Tabla 1. Saberes básicos y competencias que se trabajan en la propuesta de investigación adaptadas a la actividad. Elaborado a partir del Real Decreto 157/222.

Saberes básicos	Competencias
Conocimiento de las características generales de los diferentes grupos de artrópodos: crustáceos, arácnidos, miriápodos e insectos. Identificación de las características que diferencian unos artrópodos de otros. Observación e identificación de las características de los artrópodos en el organismo problema.	Seleccionar y contrastar información de distintas fuentes de información. Analizar datos sistemáticamente para identificar pautas entre ellos. Comprender e interpretar textos escritos y tabla de datos. Construir un argumento científico que muestra cómo los datos apoyan una afirmación. Producir textos o presentaciones que comunican sus ideas y logros.

En este capítulo, se propone una actividad de investigación que permite al alumnado conocer e identificar las características observables de los distintos grupos de artrópodos a partir de un organismo problema que ha de identificar (Tabla 1).

Objetivos

El objetivo principal de la propuesta es conseguir identificar a qué grupo de artrópodos pertenece el organismo problema, reconociendo sus características observables, conectando estas con un grupo de artrópodos y justificando su elección. Este objetivo, las competencias y los saberes básicos (Tabla 1) se concretan en los siguientes objetivos específicos:

- Reconocer, a partir de la situación de aprendizaje planteada, el objetivo que persigue la actividad, identificar el organismo problema encontrado en el municipio de Alpedrete.
- Realizar, previo a la comprobación, posibles hipótesis sobre a qué grupo de artrópodos pertenece el organismo problema, justificándolo con su conocimiento.
- Decidir entre diferentes fuentes de información cuál es la más útil para identificar el organismo a partir de sus características.
- Reconocer, analizar y resolver una situación problemática utilizando criterios de clasificación relacionados con las características de los artrópodos.
- Relacionar el modelo presentado con el grupo de artrópodos al que pertenece, atendiendo a sus características observables.
- Contrastar sus respuestas iniciales con su clasificación final, identificando el conocimiento adquirido.

El misterio del artrópodo extinto: ¿Cómo averiguamos a qué grupo pertenece?

Esta actividad se plantea para realizarse en dos sesiones en el primer ciclo de Educación Primaria, aunque el docente puede adaptarlo a la realidad de su aula sin problemas. Se ha decidido así para que el alumnado pueda realizar todas las fases de indagación, desde el reconocimiento de la situación problemática hasta la obtención y comunicación de conclusiones, sin perder el hilo conductor de la actividad. El objetivo principal es identificar un organismo problema, un tipo de artrópodo, a partir del reconocimiento de sus características observables. Para identificarlo, el alumnado debe considerar las semejanzas y diferencias entre el organismo problema y los grupos de artrópodos (crustáceos, arácnidos, miriápodos e insectos), decidiendo y justificando a cuál de todos pertenece.

Para conseguirlo, se guía al alumnado en el proceso de resolución a través de preguntas que le demanda tomar decisiones sobre qué tipo de artrópodo es el organismo problema. Para facilitar este proceso se sugiere el empleo del siguiente Cuaderno de aprendizaje. Este cuaderno permite recoger las producciones del alumnado, de tal forma que él o la docente puede identificar su progreso, tanto en la adquisición de los saberes básicos como de las competencias científicas (destrezas). El cuaderno se puede emplear impreso para facilitar que se convierta en una herramienta útil para la evaluación de la actividad. Respecto a la organización del aula, se considera adecuado el trabajo en grupo al facilitar el intercambio de ideas entre el estudiantado.

Además del cuaderno, se proporciona al docente una presentación digital que le servirá de apoyo durante la actividad: Proyecto de investigación (genial.ly). También servirá para trabajar las fases de indagación y sus características.

Al iniciar la actividad, como en cualquier investigación, se presenta la situación problemática (situación de aprendizaje), centrando al alumnado en qué se le pide hacer y por qué, así como en cuál es su papel en la resolución del caso. Para ello, se emplea la carta que muestra el contexto y la problemática (Figura 1).

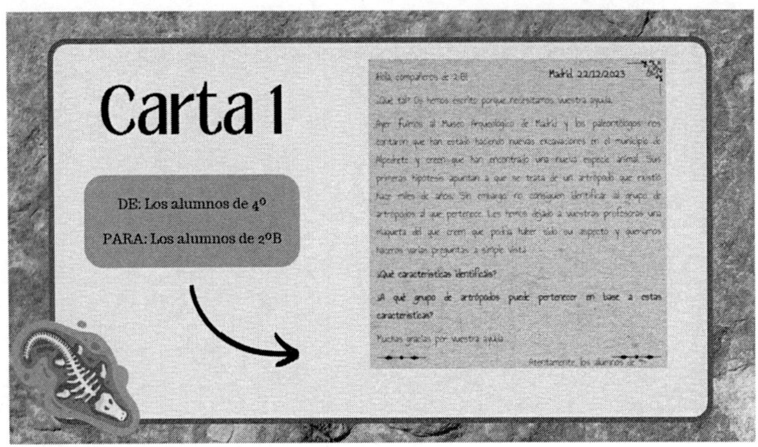

Figura 1. Carta 1.

La carta es enviada por sus compañeros de cuarto curso, quienes les piden ayuda porque han ido al Museo de Ciencias Naturales y los paleontólogos les han contado que han encontrado un fósil que apunta a ser un artrópodo, pero no consiguen identificar a qué grupo pertenece. Les piden ayuda y les plantean estas preguntas: ¿Qué características identificas? ¿A qué grupo de artrópodos crees que podría pertenecer el organismo problema en base a estas características?

Tras la lectura de la carta, se les presenta la especie del artrópodo que cuenta con características de varios artrópodos, predominando las de los insectos. Este animal ha de ser realizado por la o el docente. Para su elaboración se puede descargar la receta aquí: Masa modelo. En la imagen se presenta el ejemplo empleado en esta actividad (Figura 2). En el caso de que se considerase necesario más de uno se podría crear otro diferente.

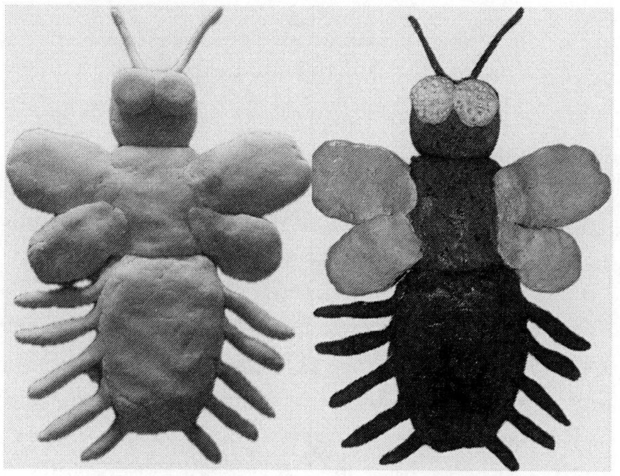

Figura 2. Modelo del artrópodo.

Antes de comenzar a identificar al organismo, entramos en la fase de razonamiento del problema. En ella se solicita al alumnado considerar qué animal cree que podría ser el organismo problema y en qué características se ha fijado para determinarlo (Figura 3). Con ello, lo que se busca es identificar el conocimiento que el alumnado tiene sobre las características estructurales de los artrópodos y su capacidad para nombrarlas y relacionarlas con un grupo concreto de organismos. Además, sirve como punto de partida de la actividad, ya que, a partir de aquí, el alumnado tendrá que averiguar si es cierta, o no, su respuesta inicial. En este paso, dependiendo del nivel de lectoescritura, se puede solicitar al alumnado escribirlo y comunicarlo después a su clase o hacerlo de forma oral.

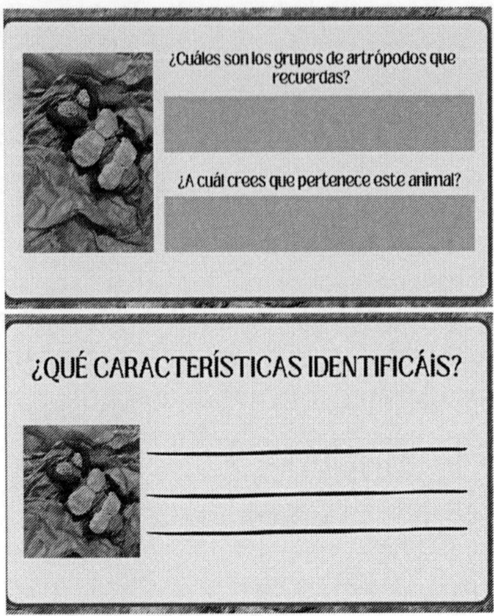

Figura 3. Razonamiento del problema.

Una vez han expuesto, entramos en la fase de planificación de la investigación. Para ello, se les proporciona la segunda carta (Figura 4), donde hay varias fuentes de información que podrían ayudarles a identificar el organismo. El alumnado tiene que decidir, considerando la información facilitada por cada prueba (audio, huevo o tabla de características), cuál es la más adecuada para identificar el organismo, y explicar su elección. Solicitar al alumnado tomar decisiones sobre qué fuente es la más adecuada para resolver el problema promueve que tenga que discernir entre qué información es importante y cuál es irrelevante, justificando su decisión. Para conseguirlo, se sugiere que el docente guíe la elección de la herramienta con preguntas como ¿Qué información proporciona cada una de las fuentes de información? ¿Para qué os servirían cada una de ellas?

Figura 4. Carta 2: fuentes de información para resolver el problema.

El alumnado tras conocer todas las fuentes, y la información que contienen, tendría que escoger la tabla, pues es la que recoge las características observables de cada grupo de artrópodos. Y la que le ayudaría, por tanto, a resolver el problema.

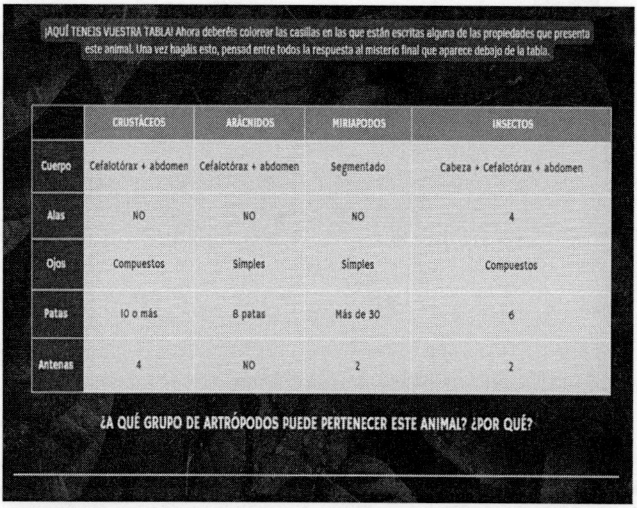

¡AQUÍ TENEIS VUESTRA TABLA! Ahora deberéis colorear las casillas en las que están escritas alguna de las propiedades que presenta este animal. Una vez hagáis esto, pensad entre todos la respuesta al misterio final que aparece debajo de la tabla.

	CRUSTÁCEOS	ARÁCNIDOS	MIRIAPODOS	INSECTOS
Cuerpo	Cefalotórax + abdomen	Cefalotórax + abdomen	Segmentado	Cabeza + Cefalotórax + abdomen
Alas	NO	NO	NO	4
Ojos	Compuestos	Simples	Simples	Compuestos
Patas	10 o más	8 patas	Más de 30	6
Antenas	4	NO	2	2

¿A QUÉ GRUPO DE ARTRÓPODOS PUEDE PERTENECER ESTE ANIMAL? ¿POR QUÉ?

Figura 5. Carta 3: tabla características de los artrópodos.

Finalizada la fase de planificación, comienza la fase de recogida y análisis de datos. En este caso, por la tipología de la actividad, nos centramos en el análisis de datos. En concreto, el alumnado ha de discernir, en base a las características que presenta cada grupo de artrópodos, sus similitudes y sus diferencias, y cuál sería el grupo en el que encajaría mejor. Para hacerlo, se les proporciona la última carta y una pregunta que se conecta con la conclusión (Figura 5). En ella se encuentra la tabla para identificar al animal y las indicaciones de cómo completarla.

Los alumnos han de identificar qué características presenta el organismo problema, conectándolo con la información de la tabla. En este caso encontrarán que el organismo problema contiene características propias de tres de los cuatro grupos de artrópodo; sin embargo, predominan las del grupo de los insectos (Figura 6). Por lo que se debería llegar a la conclusión de que el organismo presentado es un insecto, describiéndolo con las características de este grupo. En esta fase, por tanto, se trabaja la identificación de especies en base a características observables, la variabilidad existente entre los distintos organismos, el uso de instrumentos de identificación y la toma de decisiones fundamentada.

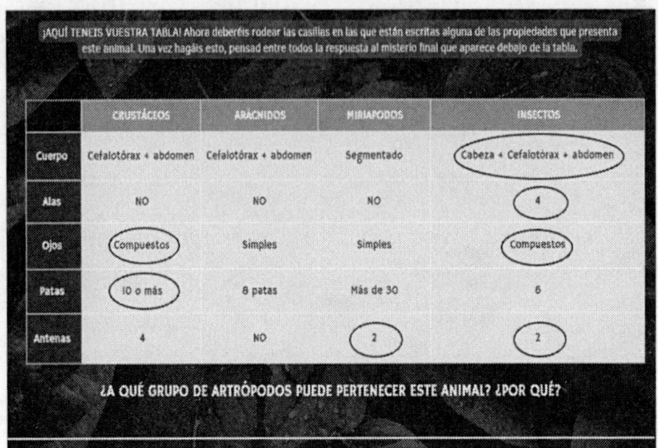

¡AQUÍ TENEIS VUESTRA TABLA! Ahora deberéis rodear las casillas en las que están escritas alguna de las propiedades que presenta este animal. Una vez hagáis esto, pensad entre todos la respuesta al misterio final que aparece debajo de la tabla.

	CRUSTÁCEOS	ARÁCNIDOS	MIRIÁPODOS	INSECTOS
Cuerpo	Cefalotórax + abdomen	Cefalotórax + abdomen	Segmentado	Cabeza + Cefalotórax + abdomen
Alas	NO	NO	NO	4
Ojos	Compuestos	Simples	Simples	Compuestos
Patas	10 o más	8 patas	Más de 30	6
Antenas	4	NO	2	2

¿A QUÉ GRUPO DE ARTRÓPODOS PUEDE PERTENECER ESTE ANIMAL? ¿POR QUÉ?

Figura 6. Tabla resuelta.

Cuando el alumnado haya identificado la especie, se llega a la fase de reflexión final y obtención de conclusiones, donde tienen que comparar la conclusión obtenida con las hipótesis planteadas al principio. Para ello, tienen que responder, en el cuaderno de aprendizaje a la siguiente pregunta: una vez identificado el organismo ¿Coincide con el que habíais puesto al inicio? ¿Qué características fuisteis capaces de identificar y cuáles no, que ahora sí que habéis encontrado? ¿Para qué os ha resultado más útil la tabla? Con estas preguntas se favorece que el alumnado pueda autoevaluarse al tener que identificar cuáles fueron las características que vieron, cuáles no e, incluso, cuáles confundieron. Por último, se sugiere que cada grupo presente su conclusión a los compañeros, indicando qué características han sido claves para identificar el organismo y reconociendo si estas son las mismas que han utilizado el resto. Así, se trabaja la importancia de comunicar la información, contrastándola con los compañeros y compañeras. Este aspecto de la comunicación es clave en la construcción del conocimiento científico y por ello se debe integrar en las actividades.

Criterios y herramientas de evaluación

Para el presente proyecto de investigación se tendrán en cuenta los siguientes criterios de evaluación:

- Clasificar el organismo problema como artrópodo insecto a partir de la localización de sus características observables.
- Formular hipótesis antes de comenzar el proceso, basándose en los conocimientos previos sobre las características de los artrópodos.

- Discriminar la herramienta de búsqueda de información más útil para reconocer, analizar y resolver la situación problemática planteada.

Tabla 2. Rúbrica

INDICADOR	Nivel de desempeño bajo	Nivel de desempeño medio	Nivel de desempeño alto
Clasificación del organismo problema	No clasifica al organismo problema en ningún grupo de artrópodos	Clasifica al organismo problema en un grupo diferente al de los insectos	Clasifica el organismo problema en el grupo de los insectos
Formulación de hipótesis	No plantea la hipótesis	Plantea la hipótesis, pero no la justifica	Plantea la hipótesis, justificándola en base a su conocimiento
Discriminación de la herramienta de búsqueda de información más útil	No discrimina entre las herramientas de búsqueda de información, empleando todas	Discrimina, eligiendo una herramienta de búsqueda de información inadecuada	Discrimina eligiendo la mejor herramienta de búsqueda de información
Utilización de criterios de clasificación	No utiliza ningún criterio de clasificación	Utiliza alguno de los criterios de clasificación	Utiliza todos los criterios de clasificación posibles
Comparación de hipótesis con solución final, justificando su elección	No se realiza la comparación entre las hipótesis y la solución final	Realiza la comparación entre la hipótesis y la solución final, pero no lo justifica	Realiza la comparación entre la hipótesis y la solución final, justificándolo su elección
Participación en el proceso de investigación. Parte individual	No participa en el proceso de investigación	Participa un poco en el proceso de investigación, pero no termina el cuaderno	Participa en el proceso de investigación y completa el cuaderno
Participa en el proceso de investigación, Parte grupal	No participa en el proceso de investigación junto a sus compañeros	Participa un poco en el proceso de investigación: aporta alguna idea, pero no realiza la identificación	Participa en el proceso de investigación: aporta ideas y realiza la identificación
Comunicación	No comunica de forma clara y concisa el resultado de la investigación	Comunica de forma medianamente clara y concisa el resultado de la investigación	Comunica de forma clara y concisa el resultado de la investigación

- Utilizar criterios de clasificación relacionados con las características de los artrópodos para reconocer, analizar y resolver la situación problemática.
- Comparar las hipótesis planteadas con el resultado final.
- Comunicar oralmente y recopilar de forma escrita el proceso y resultado de la investigación.
- Trabajar de manera individual y grupal respetando a los compañeros.

El instrumento de recogida de información es el cuaderno de aprendizaje, y como herramienta de evaluación se sugiere emplear la rúbrica diseñada para esta actividad (Tabla 2).

Consideraciones a tener en cuenta antes, durante y tras la aplicación de la propuesta

Antes de comenzar el proyecto de investigación, los docentes tienen que considerar una serie de cuestiones. Principalmente, deben saber y conocer qué nivel de conocimiento posee el grupo clase sobre los animales invertebrados y, dentro de él, sobre los artrópodos. Atendiendo a estos datos, se aconseja crear un modelo adecuado a sus necesidades y al objetivo de la actividad. Además, para poder elaborarlo se le han aportado las instrucciones en el capítulo.

Asimismo, durante la resolución de la actividad, debe tener presente que la propuesta de investigación precisa de un orden específico al en el que proporcionar el material al alumnado. Se aconseja seguir el proceso de resolución como ha sido explicado anteriormente. Primero la carta 1 y las hojas del cuaderno relacionadas con la carta 1, luego la carta 2 con sus correspondientes hojas del cuaderno, y, por último, la carta 3 con el final del cuaderno. De esta forma, se favorece que el alumnado pueda identificar las fases de la investigación que está trabajando en cada momento.

Relacionado con la organización del proyecto, no todos los alumnos pueden ver el modelo a la vez, sino que tendrán que hacerlo en grupos pequeños para observar de manera más detallada y organizada sus características. Para finalizar, el docente tiene que considerar si sus alumnos han comprendido el objetivo de la actividad correctamente y superado la problemática que se les ha planteado.

Referencias

Álvarez, J.A., Oliveros, C., y Doménech-casal, J. (2017). Diseño y evaluación de una actividad de transferencia entre contextos para aprender las claves dicotómicas y la clasificación de los seres vivos. *Revista Electrónica de Enseñanza de las Ciencias, 16*, 362-384.

Gálvez Esteban, R. (2021). ¿Quién es quién? Directrices de uso de una clave dicotómica para la identificación de artrópodos en Educación Primaria. *Didácticas Específicas, 24*, 75-89. https://doi.org/10.15366/didacticas2021.24.005

Mayorga, M., y Flórez, S. (2017). Artrópodos como modelo biológico para dar cuenta de la importancia de los invertebrados en el medio ambiente a través de la enseñanza de su ecología. *Revista Bio-Grafía Escritos sobre la Biología y su Enseñanza*, Nº Extraordinario, 827-833. https://doi.org/10.17227/bio-grafia.extra2017-7215

Puig, B., y Gómez, B. (2021). Una propuesta didáctica para la enseñanza-aprendizaje de insectos, plantas y el problema de la pérdida de polinizadores. *Revista Eureka sobre Enseñanza y Divulgación de las Ciencias, 18*(3), 3203-2023. https://doi.org/10.25267/Rev_Eureka_ensen_divulg_cienc.2021.v18.i3.3203

5

¡PERISCOPIOS EN ACCIÓN!: TRABAJANDO EL REFLEJO DE LA LUZ

Cecilia García Lozano, Clara González Carbonero, Sara Muñumel González, Pilar Quintanar Díaz y Paula Rodríguez Martínez

Resumen

En este capítulo se presenta una secuencia de tres sesiones, adaptable a las necesidades de cada aula, dirigida al primer ciclo de Educación Primaria en la que se aborda la reflexión de la luz desde una perspectiva de trabajo cooperativo. Mediante el ciclo de indagación y de modelización, el alumnado adquirirá el concepto de reflexión de la luz llevándolo a la práctica a través de la construcción de un periscopio. Para ello, se le propone una situación de aprendizaje concreta. Se le solicita identificar cómo desde un submarino, donde viajan unos piratas, estos han sido capaces de ver un barco en el que viajan dos amigos suyos sin que ellos les hayan reconocido. A partir de este contexto, el alumnado debe considerar qué instrumento han podido utilizar los piratas y cómo sería su funcionamiento, tiene que dibujar el prototipo, construirlo y utilizarlo, comprobando el resultado. Todo ello, ha de ir respaldado por las ideas que maneja el estudiantado sobre la luz y su comportamiento, en este caso concreto, cuando interacciona con objetos opacos, en concreto espejos. En las siguientes líneas se describe el proceso de resolución de la actividad, se aportan los materiales para el docente y las consideraciones para su implementación.

Fundamentación

La luz se encuentra presente en nuestro día a día, permitiéndonos obtener información del medio que nos rodea a través de la vista. Sin embargo, a pesar de su presencia en situaciones como el reflejo de nuestra imagen en un espejo o la aparición de un arcoíris tras una tormenta, la comprensión sobre su papel en estos fenómenos no es algo sencillo para el alumnado. Entre las causas que lo justifican se encuentra por un lado la complejidad y la abstracción de los contenidos asociados a la luz, y por otro el tratamiento que ha recibido en las aulas, abordándose principalmente desde una perspectiva teórica (Perales y García, 2016).

Este tratamiento, alejado de la observación y explicación de los fenómenos naturales, ayuda a perpetuar las ideas alternativas que el alumnado tiene sobre la luz y su comportamiento. Por ejemplo, no consideran que la luz viaja en línea recta, sino que es capaz de sortear los objetos que se interponen en su trayectoria (Grau y Pipitone, 2023). Asimismo, el alumnado no identifica la relación entre la luz, el objeto y la sombra y, por ello, no comprende su formación (Gallegos et al., 2008). Por ello, se hace imprescindible abordar la luz a través de situaciones que pueda reconocer, permitiéndole interaccionar con el fenómeno a trabajar.

En este capítulo se propone trabajar la luz con los alumnos del primer ciclo de Educación Primaria gracias a la construcción de un periscopio, considerando cómo se comporta la luz al interaccionar con materiales traslúcidos, opacos y transparentes, y asociando este comportamiento con el fenómeno de reflexión y su utilidad. La actividad se ha diseñado como una investigación guiada que permite poner en práctica los siguientes saberes básicos y competencias específicas (Tabla 1).

Para ello, se les presenta un contexto donde les solicita ayuda para crear un aparato que permite ver desde la superficie de un submarino un barco que está en la distancia.

A lo largo de la actividad, con la guía del docente, el alumnado, trabajando en pequeño grupo, tendrá que diseñar el instrumento, argumentando cómo se comporta la luz y empleando dichos conocimientos para elaborar un prototipo, construirlo y comprobar su funcionamiento. Además, ha de identificar las limitaciones que presenta en su uso, considerando los cambios a realizar, y volviéndolo a construir.

Tabla 1. Relación entre los saberes básicos y las competencias específicas en la actividad realizada, a partir del Real Decreto 157/222.

Saberes Básicos	Competencias Específicas
La luz y los fenómenos asociados como la formación de sombras o la reflexión. Propiedades observables de la materia, su procedencia y uso en objetos de la vida cotidiana según las necesidades de diseño para los que se fabricaron. Instrumentos y dispositivos apropiados para realizar observaciones de acuerdo con las necesidades de las diferentes investigaciones. Desarrollo de estrategias de trabajo en equipo.	Plantear y dar respuesta a cuestiones científicas sencillas. Construir explicaciones sobre distintos fenómenos utilizando sus conocimientos científicos. Construir dibujos o diagramas como representaciones de eventos o sistemas. Representar y explicar fenómenos utilizando diferentes tipos de modelos. Construir un argumento científico que muestra cómo los datos apoyan una afirmación. Producir textos o presentaciones que comunican sus ideas y logros.

Objetivos

Los saberes básicos y las competencias, mostradas en la tabla 1, se concretan en el siguiente objetivo: construir un modelo sobre el comportamiento de la luz, considerando el efecto que provoca al interaccionar con distintos tipos de materiales (opacos, translúcidos y transparentes), relacionando lo anterior con cómo viaja la luz y a qué es debido el fenómeno de reflexión en los espejos.

Para ello, el alumnado deberá identificar la situación problemática y emplear destrezas y procedimientos propios de la indagación científica como la emisión de hipótesis, la recogida de datos y la elaboración de modelos para establecer unas conclusiones con las que resolverá la problemática. En concreto, el alumnado deberá construir un periscopio, reflexionando sobre su funcionamiento y su relación con la reflexión de la luz. Además, podrá implementar los conocimientos aprendidos, justificando, en base a estos, sus explicaciones sobre el diseño del instrumento, desarrollando habilidades comunicativas como transmitir sus ideas a sus compañeros y compañeras.

¡Periscopios en acción!

Para realizar la actividad se recomienda dividir la clase en pequeños grupos de 4 o 5 alumnos o alumnas, favoreciendo una comunicación y escucha efectiva. Se recomienda estructurar la propuesta en, al menos, tres sesiones, aunque la temporalización podrá variar en función de cómo se avance en el proceso de resolución, pudiéndose ampliar a cuatro sin problema.

La primera sesión está enfocada a la presentación de la situación problemática y la pregunta a investigar. De esta manera, se iniciará el proceso de razonamiento del problema a resolver, el planteamiento de posibles diseños que se podrían realizar y cómo funcionarán, así como el material que emplearán. Después, se presenta tanto el cuaderno de laboratorio, como el material a manipular y se procede a la construcción y uso del instrumento.

La segunda, se centra en probar el primer modelo de periscopio creado, comprobando si cumple la función adecuadamente, reflexionando sobre los cambios necesarios. De esta forma, se busca que el alumnado evalúe su diseño y comience a modificarlo dibujando el nuevo instrumento que va a crear. La tercera sesión, está dirigida a la construcción, uso y evaluación final del instrumento diseñado.

Antes de iniciar la actividad, tras presentar el contexto, se le entregará un cuaderno de indagación a cada grupo (ver aquí). En este cuaderno se encuentran las preguntas propuestas para guiar al alumnado en el proceso de construcción, uso y evaluación del periscopio. La organización pautada del cuaderno permite que los y las estudiantes consideren las posibles modificaciones a realizar, justificándolas a partir de los conocimientos sobre la transmisión de la luz y su comportamiento frente a distintos materiales. Así, se favorece que ellos y ellas sean quienes realicen la investigación, pero acompañados por el maestro o la maestra, que tiene un papel clave en el buen desarrollo de la actividad.

El dibujo y la expresión oral son dos herramientas características de la propuesta, debido a que está dirigida al primer ciclo de Educación Primaria. Relacionado con ello, durante el proceso de indagación, se proponen distintos momentos de asamblea en los que el grupo-clase podrá intercambiar sus ideas. Estos momentos de reflexión en grupo se consideran clave ya que fomentan la ayuda entre iguales y la comunicación, procesos imprescindibles en la construcción del conocimiento científico.

Sesión 1. Contextualización y experimentación.

Un día en alta mar...

Pedro y Marta estaban en un **barco** rumbo a una isla del Caribe para pasar las vacaciones. Tras un rato en alta mar, mientras estaban en la cubierta viendo a los delfines, oyeron un **golpe**. ¡Alguien les había dado y ahora el barco tenía un agujero!

Cuando se asomaron a mirar qué había ocurrido no vieron absolutamente nada, pero, minutos después, salió una especie de **nave de metal** de debajo del océano y, dentro de ella, unos piratas que no se paraban de reír de ellos. Sobre la superficie de la nave observaron la presencia de una especie de **tubo**. Pedro y Marta piensan que lo han podido utilizar para verlos, pero no saben cómo funciona. **¿Cómo podrías ayudarlos para que entendieran qué ha pasado?**

Figura 1. Contextualización del problema.

Al comienzo de la primera sesión, se presenta la situación de aprendizaje a resolver (Figura 1). En ella, los y las estudiantes tendrán que ayudar a Pedro y Marta a identificar el instrumento empleado por los piratas para ver el barco en el que ellos navegan sin estar estos últimos en la superficie.

Una vez presentado el contexto, se formulará la pregunta "¿Cómo podrías ayudarlos para que entendieran qué ha pasado?", introduciendo así al alumnado en el ciclo de indagación (Jiménez-Liso, 2020). A través de esta historia se busca que den sentido al trabajo a realizar.

Tras ello, en los pequeños grupos, deberán plasmar sus ideas sobre qué es lo que ha podido suceder, empleando para ello un dibujo (Figura 2). Con esta tarea, se busca identificar las ideas alternativas que posee el alumnado sobre el proceso de reflexión de la luz, así como la puesta en marcha de las destrezas vinculadas con la emisión de hipótesis o posibles respuestas al problema planteado.

Para ayudarles en el proceso de diseño del instrumento, se dará paso a la presentación de diversos materiales, tales como espejos, lentes, papel celofán, cartulinas, etc., que podrán emplear para construir su propio periscopio (Figura 3). Conviene destacar que, para que el alumnado pueda identificar cada material y relacionarlo con su nombre, se emplearán unos carteles, donde se indique el nombre del objeto tanto en mayúscula como en minúscula. Los carteles se proporcionan para que puedan ser utilizados por el docente si lo considera necesario. Estos carteles han sido diseñados para promover la comprensión lectora entre el alumnado, asociando una imagen del material al nombre que recibe (ver aquí).

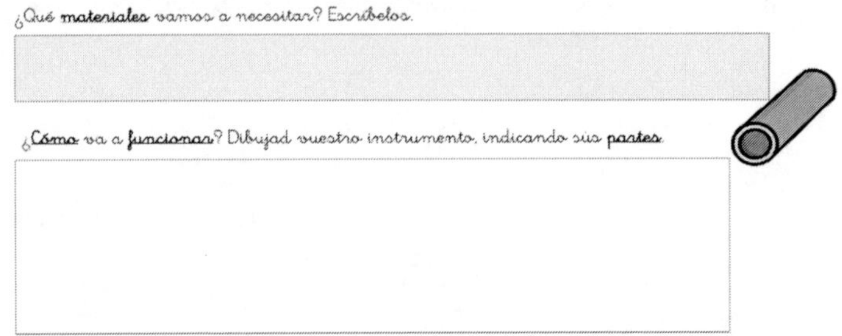
Creamos nuestro propio instrumento.

¿Qué materiales vamos a necesitar? Escríbelos.

¿Cómo va a funcionar? Dibujad vuestro instrumento, indicando sus partes.

¡Manos a la obra!

Figura 2. Fragmento de cuaderno de investigación en que se solicita el diseño inicial del instrumento (periscopio).

Los materiales presentes en la figura 3 son propuestas que cada docente pueda adaptar a su aula. Se pretende que al tenerlos disponibles los puedan manipular fijándose en sus características, y considerando cuáles utilizar para construir el periscopio y por qué.

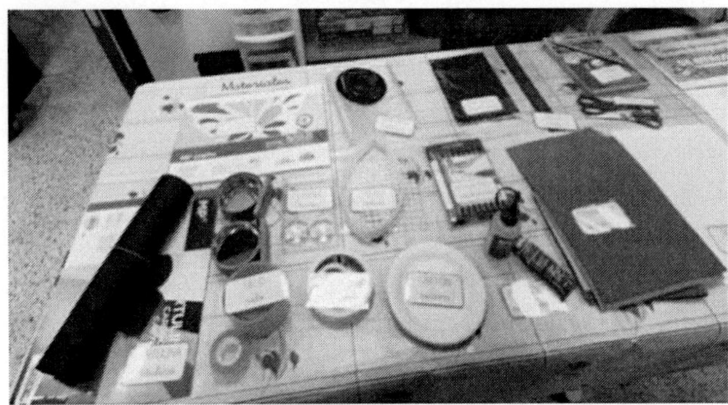

Figura 3. Propuesta de materiales para trabajar en el aula.

Después de elegir los materiales y elaborar el dibujo, se sugiere dedicar 10-15 minutos para la puesta en común de todo el grupo clase, donde se debatirá sobre el diseño realizado por cada grupo, considerando su funcionamiento en base a sus ideas. Este es un momento clave, ya que se abre un espacio donde el alumnado, con la ayuda del docente, reflexiona su sobre su elección de materiales y la justifica.

Para finalizar la primera sesión, se continúa con la construcción del primer prototipo del periscopio, comenzando ya la fase de ejecución del diseño (Figura 4).

Figura 4. Posibles prototipos periscopios en base a los materiales aportados.

Sesión 2. Comprobación de uso del modelo de periscopio, evaluación y reflexión.

La segunda sesión estará dividida en dos partes. La primera destinada a la comprobación del funcionamiento del modelo de periscopio creado en la anterior sesión. Para ello, los alumnos deberán tratar de observar la imagen del barco situada en la pizarra a través de su instrumento.

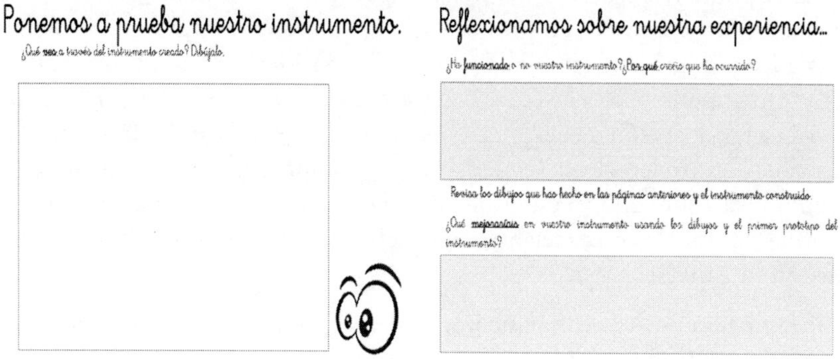

Ponemos a prueba nuestro instrumento.

¿Qué **veo** a través del instrumento creado? Dibújalo.

Reflexionamos sobre nuestra experiencia...

¿Ha **funcionado** o no nuestro instrumento? ¿**Por qué** creéis que ha ocurrido?

Revisa los dibujos que has hecho en las páginas anteriores y el instrumento construido.

¿Qué **mejoraríais** en nuestro instrumento usando los dibujos y el primer prototipo del instrumento?

Figura 5. Fragmento del cuaderno para favorecer la reflexión sobre el uso y la evaluación del modelo creado por los grupos.

Para guiar a los alumnos en la fase de recopilación y expresión de datos, tendrán un espacio en el cuaderno donde plasmarán, a través del dibujo, qué es lo que observan al mirar a través de su periscopio (Figura 5). Después, deben reflexionar para determinar las razones que justifican el funcionamiento o no del instrumento, indicando también las mejoras que harían (Figura 5).

Estas ideas recopiladas en los pequeños grupos podrán compartirlas en la asamblea con el grupo clase (Figura 6). De esta forma, se ofrece la posibilidad de identificar y rectificar los posibles inconvenientes de su propuesta y elaborar un nuevo instrumento.

¡ATENCIÓN!

Momento de ASAMBLEA para compartir
nuestras experiencias con los compañeros

Figura 6. Fragmento del cuaderno para indicar los momentos de reflexión con el grupo-clase.

Sesión 3. Inicio del nuevo ciclo de indagación con la construcción del nuevo prototipo.

En la última sesión, se inicia de nuevo el ciclo de indagación, donde los alumnos podrán, en base a los inconvenientes identificados, modificar sus prototipos de periscopio. En primer lugar, se propone realizar un nuevo boceto, explicando qué han cambiado y por qué, considerando el funcionamiento de su primer periscopio y las ideas compartidas con la clase. En este momento, vuelven a tener opción de elegir nuevos materiales, justificando sus decisiones. Tras ello, construyen el nuevo periscopio y comprueban su funcionamiento. Dado que el alumnado ya está inmerso en el proceso de indagación y conoce la forma de trabajo, esta reelaboración del instrumento podría llegar a agruparse en una única sesión.

Para finalizar, se les pedirá que justifiquen el porqué del funcionamiento del periscopio, teniendo en cuenta los materiales que han utilizado. Con ello, se busca que el estudiantado llegue a entender cómo se transmite la luz, identificando que solo viaja en línea recta y que, para conseguir reflejarla, necesitan los espejos. De esta forma, se consigue que relacionen los materiales con el comportamiento de la luz, ideas que han tenido que comprender para poder decidir qué materiales usar para el periscopio y cómo construirlo. Conviene destacar que la propuesta cuenta con una asamblea final donde el alumnado podrá expresar sus opiniones sobre el proceso, extrayendo y resaltando sus aprendizajes.

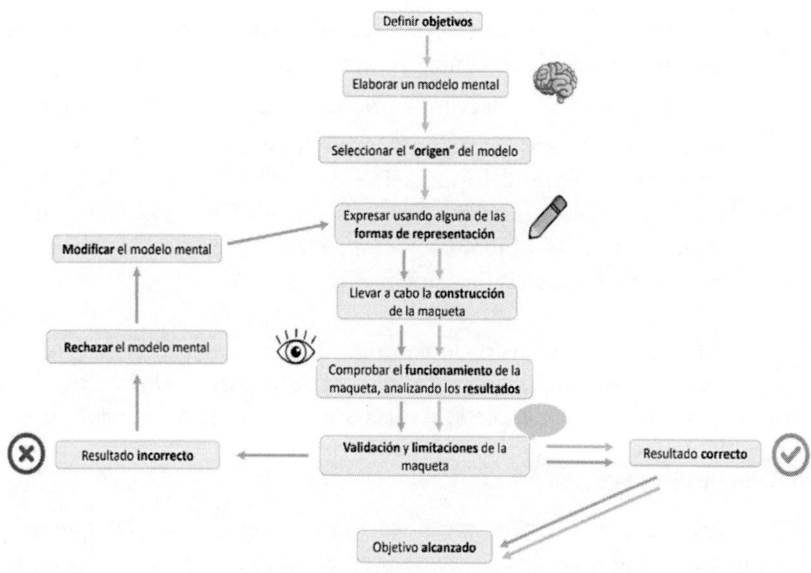

Figura 7. Ciclo de modelización.

Para clarificar el proceso llevado a cabo por el alumnado se resume en la figura 7 los pasos que se han seguido para realizar la actividad. El conjunto de las etapas configura un ciclo de modelización (Couso, 2020). El estudiantado debe pasar por una serie de fases en las que, a través de la reflexión, argumentando las razones que sustentan su modelo, en este caso de periscopio.

Criterios y herramientas de evaluación

Para poder evaluar la actividad se recogerán los cuadernos de laboratorio elaborados por los pequeños grupos, así como las anotaciones recogidas por el docente en las asambleas realizadas.

Los criterios de evaluación, en consonancia con los objetivos de aprendizaje son:

- Comprender los términos relacionados con el fenómeno de reflexión de la luz asociado al uso de espejos.
- Identificar que la luz se transmite en línea recta y que la forma de "curvarla" es a través del fenómeno de la reflexión de la luz.
- Identificar cómo se comportan los materiales ante la luz, distinguiendo entre materiales traslúcidos, opacos y transparentes.
- Trabajar de forma colaborativa en pequeño grupo y en el grupo clase.
- Poner en prácticas las destrezas necesarias en las diferentes fases del ciclo de indagación: formulación de hipótesis, expresión de ideas a través del diseño de prototipos, su construcción y uso, comprobación de los resultados obtenidos y evaluación y modificación del prototipo, considerando las limitaciones encontradas.

Estos criterios se han agrupado en una rúbrica (Figura 8) en la que se distinguen cuatro niveles de desempeño (bajo, medio, medio-alto y alto), lo cual permite una evaluación completa, analizando la adquisición y/o aplicación de conceptos, orden y limpieza en el proceso, así como el trabajo y aportaciones en pequeño y gran grupo.

Esta rúbrica de evaluación, y calificación (ver aquí) se sugiere que se aplique a lo largo, y al final de la actividad, en los momentos de la asamblea y al cuaderno de laboratorio elaborado por los grupos de trabajo.

Consideraciones a tener en cuenta antes, durante y tras la aplicación de la propuesta

Hay que mencionar algunas cuestiones a considerar para realizar la actividad. Antes de realizar la propuesta, se sugiere que el alumnado haya trabajado previamente cómo los materiales interaccionan con la luz, viendo que la luz se comporta de distinta forma. Por ejemplo, si puede atravesarlos, o no, o se comporta igual si la superficie del material es pulida o rugosa, para que comiencen a reconocer que en función del material la luz se comporta de distinta forma. De la misma manera, dado que a lo largo de la actividad harán uso de un cuaderno de aprendizaje, es necesario que tenga unas nociones de lectura y escritura. Si tienen dificultades, el docente puede leerlo y su alumnado completarlo, ya que se demanda que realicen dibujos, pero su funcionamiento puede explicarse oralmente, y que la docente apunte la explicación.

Por último, para que la propuesta pueda cumplir con la secuencia construcción, uso y evaluación, es imprescindible seguir el orden descrito.

Ítems	Nivel de desempeño bajo	Nivel de desempeño medio	Nivel de desempeño medio-alto	Nivel de desempeño alto	Calificación
Selección de materiales en función de sus características físicas	No diferencia entre los distintos tipos de materiales (opacos, traslúcidos y transparentes)	Diferencia los distintos tipos de materiales (opacos, traslúcidos y transparentes), pero no identifica las características de los mismos.	Diferencia los distintos tipos de materiales (opacos, translúcidos y transparentes) e identifica alguna característica de estos.	Diferencia entre todos los tipos de materiales (opacos, traslúcidos y transparentes) e identifica las características propias de cada uno de ellos.	1,5 puntos (0,375 por cada nivel de desempeño)
Comprensión y aplicación del movimiento en línea recta de la luz	No comprende la trayectoria en línea recta de la luz	Tiene algunas ideas sobre la trayectoria en línea recta de la luz, pero no las relaciona.	Comprende la trayectoria en línea recta de la luz, aunque no lo aplica correctamente en la propuesta.	Comprende la trayectoria en línea recta de la luz y lo aplica correctamente en la propuesta	1,5 puntos (0,375 puntos por cada nivel de desempeño)
Compresión del fenómeno de reflexión de la luz mediante el uso de espejos.	No comprende el fenómeno de reflexión de la luz, ni lo aplica en la propuesta.	Comprende el funcionamiento de un espejo, pero no lo relaciona con el fenómeno de la reflexión de la luz	Comprende el funcionamiento de un espejo y lo relaciona con la reflexión de la luz, pero no lo aplica a su instrumento.	Comprende el fenómeno de reflexión y lo aplica a través de la utilización de los espejos.	1,5 puntos (0,375 puntos por cada nivel de desempeño)
Orden en las fases del ciclo de indagación	No sigue el orden de las fases pautadas en el ciclo de indagación	Sigue el orden de algunas de las fases del ciclo de indagación	Sigue, en la mayoría de las ocasiones, el orden de las fases del ciclo de indagación	Sigue todas las fases del ciclo de indagación ordenadamente, pasando por todas.	0,5 puntos (0,125 puntos por cada nivel de desempeño)
Cuaderno de investigación	El cuaderno está incompleto en su mayoría. No hay limpieza en el mismo y la redacción está poco cuidada.	La mayoría de las preguntas han sido contestadas. Falta cuidado y limpieza en la redacción.	Todas las preguntas han sido respondidas, aunque falta limpieza.	Todas las preguntas están contestadas y, además, la presentación es buena.	1 punto (0,25 por cada nivel de desempeño)
Participación	No muestra interés y no participa en el desarrollo de la actividad.	Muestra algo de interés y participa solo en algunas partes de la actividad.	Muestra interés en la actividad y participa en la mayoría de los pasos a seguir de la misma.	Muestra mucho interés en la actividad y participa en todas las fases del proceso.	1,5 puntos (0,375 puntos por cada nivel de desempeño)
Búsqueda de respuestas basadas en evidencias	Ninguna de sus respuestas está basada en las evidencias obtenidas.	Algunas de sus respuestas se basan en evidencias, pero otras no	La mayoría de sus respuestas se basan en evidencias.	Fundamenta todas sus respuestas en las evidencias obtenidas.	1 punto (0,25 puntos por cada nivel de desempeño)
Colaboración entre iguales	No busca la colaboración con sus compañeros. No valora sus aportaciones y/o trata mal a sus compañeros.	Trabaja en grupo, aunque trata siempre de llevar la razón y solo algunas veces tiene en cuenta las opiniones de sus compañeros.	Trabaja adecuadamente en grupo y escucha a sus compañeros. La mayoría de las veces escucha y tiene en cuenta a sus compañeros.	Busca trabajar en grupo, escucha y tiene en cuenta siempre las opiniones de sus compañeros para conseguir un objetivo común.	1 punto (0,25 por cada nivel de desempeño)
Aportaciones	No realiza apenas aportaciones y no son relevantes al tema, ni en grupo pequeño ni en el grupo clase.	Realiza alguna aportación en el grupo pequeño y esta es pertinente.	Realiza aportaciones tanto en el grupo pequeño como en el grupo clase y la mayoría son pertinentes.	Hace numerosas aportaciones, tanto en pequeño grupo como en el grupo clase y estas son pertinentes.	0,5 puntos (0,125 puntos por cada nivel de desempeño)

Figura 8. Rúbrica de evaluación del alumnado.

Referencias

Couso, D. (2020). Aprender ciencia involucra aprender ideas potentes de la ciencia: la modelización ayuda a la explicación-predicción de fenómenos. En D. Couso, M. R. Jiménez-Liso, C. Refojo, y J. A. Sacristán (Coords.), *Enseñando Ciencia con Ciencia* (pp. 53-62). Penguin Random House.

Gallegos, L., Flores Camacho, F., y Calderón Canales, E. (2008). Aprendizaje de las ciencias en preescolar: la construcción de representaciones y explicaciones sobre la luz y las sombras. *Revista Iberoamericana de Educación, 47*, 97-121. https://doi.org/10.35362/rie470706

Grau, V., y Pipitone Vela, C. (2023). Ideas clave para enseñar la luz en primaria. *Revista Eureka sobre la Enseñanza y Divulgación de las Ciencias, 20*(2). https://doi.org/10.25267/Rev_Eureka_ensen_divulg_cienc.2023.v20.i2.2602

Jiménez-Liso, M. R. (2020). Aprender ciencia escolar implica aprender a buscar pruebas para construir conocimiento (indagación). En D. Couso, M. R. Jiménez-Liso, C. Refojo, y J. A. Sacristán (Coords.), *Enseñando Ciencia con Ciencia* (pp. 53-62). Penguin Random House.

Perales, F.J., y García, J.A. (2016). Por qué, qué, cómo y cuándo enseñar sobre la luz. *Alambique, 85*, 8-14.

6

GUARDIANES DE LA ENERGÍA: LA BÚSQUEDA DEL MATERIAL PERFECTO

Cristina Cabañero Esquivel, Laura Cerra Herresanchez y María Merino Rodríguez

Resumen

En este capítulo se describe una secuencia de investigación donde se aborda la temática de la energía, el calor y sus efectos en los cuerpos. En concreto, se trabaja la influencia de los materiales conductores y aislantes en la conservación de la temperatura. Haciendo uso del enfoque del Aprendizaje basado en Indagación se plantea al alumnado de segundo ciclo de Educación Primaria un problema donde tienen que conseguir identificar cuál es el mejor material para cubrir un vaso que contiene té, manteniendo la temperatura lo más constante posible. A lo largo de la actividad se van presentando preguntas que favorecen el razonamiento del problema, el planteamiento de distintas soluciones, la planificación del proceso de investigación y la obtención e interpretación de datos y conclusiones. Para ello, se demanda aplicar saberes básicos como las características de los materiales aislantes y conductores, considerando si permite la transferencia, o no, de energía, y su comportamiento en los diferentes cuerpos. También, se desarrollan destrezas como el planteamiento de una investigación, el registro de datos en tablas y gráficos y su interpretación, así como la obtención de conclusiones y su comunicación.

Fundamentación

Los contenidos de energía, calor y sus efectos se abordan desde Educación Primaria al ayudar a comprender procesos que ocurren en el medio natural como los cambios de estado o la dilatación térmica (García-Carmona, 2008). Sin embargo, abordar situaciones en la que esté implicada la energía, el calor o la temperatura no es sencillo para el alumnado, encontrando dificultades relacionadas con el uso que se hace de estos términos en la vida cotidiana en expresiones como "cierra la venta que entra el frío" o "estoy agotado, siento que me encuentro sin energía". Esto hace que el alumnado experimente limitaciones para: a) identificar la diferencia entre calor y energía, considerándolos como sinónimos; b) reconocer que el calor y el frío no son sustancias materiales; c) considerar que la temperatura no se asocia al tipo de material, no existen materiales "fríos" y "calientes" (García-Carmona y Criado, 2013). Pero, aunque se han realizado estudios que proporcionan herramientas al profesorado para mejorar el proceso de enseñanza-aprendizaje de estos contenidos, aún existe insatisfacción con el nivel de comprensión del alumnado (García-Carmona y Criado, 2013). Para que esto pueda cambiar se deben realizar actividades en que el alumnado trabaje a través de experiencias tangibles, por ejemplo dando respuesta a preguntas como ¿Por qué no me quemo si sujeto la sartén por el mango de plástico, pero si lo hago si toco otra parte?, conectando así su experiencia con ideas de ciencias relacionadas con el calor como transferencia de energía entre dos cuerpos a diferente temperatura, las clasificación de los materiales entre aislantes y conductores en base a si favorecen o no la transferencia de energía entre dos cuerpos, o el uso del termómetro como instrumento que permite identificar la temperatura de los cuerpos independientemente de su material.

Además, para dotar de sentido a estas actividades, siempre deben ir en consonancia con los saberes básicos del Real Decreto 157/2022. En ellos, encontramos los relacionados con la energía, el calor y sus efectos en los cuerpos a partir del segundo ciclo de Educación Primaria. No obstante, García-Carmona y Criado (2013) señalan que para adquirir estos conocimientos es imprescindible que se desarrollen propuestas que permitan integrarlos junto con otro elemento curricular clave (las competencias específicas). Para ello, se ha escogido la metodología de Aprendizaje basado en Indagación/Investigación ya que favorece que el alumnado construya y evalúe el conocimiento científico mientras trabaja como "científicos".

En este capítulo se presenta una propuesta para el segundo ciclo de Educación Primaria que busca trabajar la influencia de los materiales conductores y aislantes en la conservación de la temperatura de un líquido en un recipiente (Tabla 1). De forma que, en los siguientes apartados, se proporciona tanto el material educativo, como las indicaciones de aplicación de cómo realizar la investigación, permitiendo al maestro o maestra que lo quiera aplicar entender el proceso seguido. Se indicará también el material fungible para realizar la actividad y se proporcionarán sugerencias de implementación, considerando las dificultades que podrían encontrarse en el aula. Se persigue que, a través de la resolución de la situación problemática planteada, se puede ayudar al alumnado a solventar ideas alternativas como "todos los materiales conducen o aíslan el calor de la misma forma", "dependiendo de la temperatura del líquido, es mejor utilizar recipientes fríos o calientes" o "la temperatura es la medida de calor de los cuerpos".

Tabla 1. Saberes básicos y competencias específicas que se trabajan con la propuesta. Adaptado a partir del Real Decreto 157/2022.

Saberes básicos	**Competencias Específicas**
Calor como transferencia de energía entre materiales que se encuentran a distinta temperatura. Diferencia entre materiales aislantes y conductores en base a si favorecen o limitan la transferencia de energía entre dos cuerpos. Temperatura como magnitud física y termómetro como instrumento de medida que nos permite conocer la temperatura de los distintos cuerpos.	Diseñar una investigación a partir de la formulación de una pregunta de investigación. Decidir qué datos se van a recoger, cómo lo van a hacer y qué herramientas utilizaran para ello. Utilizar palabras, tablas, diagramas y gráficos, así como expresiones matemáticas, para comunicar su conocimiento. Analizar los datos de forma sencilla y reconocer pautas en ellos. Construir sus explicaciones sobre distintos fenómenos utilizando su conocimiento científico y los resultados encontrados en la investigación. Producir textos o presentaciones que comuniquen sus propias ideas y logros.

La propuesta aborda seis aspectos (Tabla 1): a) la adquisición adecuada del concepto de calor como transferencia de energía; b) la relación entre el calor y la temperatura; c) la distinción entre materiales aislantes y conductores, considerando cómo se modifica la temperatura del líquido interior según si el material que lo recubre es aislante o conductor; d) la planificación de una investigación, a partir de preguntas concretas, por ejemplo: cómo proceder, qué medir, con qué y qué procedimiento van a seguir; e) la planificación del registro y análisis de datos, cómo van a clasificar y organizar los datos.

Objetivos

Los objetivos que el alumnado debería alcanzar al realizar la actividad que se describe en detalle a continuación son:

- Identificar calor como transferencia de energía entre dos cuerpos, el líquido del vaso y el aire del exterior.
- Relacionar las características de los materiales con la transferencia de energía, considerando que aquellos que la limitan su transferencia son materiales aislantes, y aquellos que la favorecen son conductores.
- Utilizar el termómetro como instrumento de medida de la temperatura.
- Tomar decisiones sobre qué medir, con qué instrumentos y cuántas veces para asegurar la fiabilidad.
- Representar datos de temperatura y tiempo transcurrido en tablas y gráficos.
- Contrastar los datos recogidos en tablas y gráficos, identificando que el material aislante es aquel que ha permitido que la temperatura del líquido del recipiente haya variado lo menos posible, mientras que el conductor es aquel que ha favorecido una mayor disminución de temperatura del líquido en el mismo periodo de tiempo.
- Concluir cuál es el mejor material relacionando la temperatura de los vasos y sus cambios con el material que los recubre.
- Comunicar las conclusiones empleando para ello el cuaderno de laboratorio y la puesta en común en clase.

Guardianes de la energía: La búsqueda del material perfecto

Considerando los objetivos a alcanzar, y teniendo en cuenta que el alumnado debe ser capaz de tomar decisiones fundamentadas científicamente para actuar en su entorno próximo, la actividad se inicia con la presentación de una problemática concreta (situación de aprendizaje). Los alumnos y alumnas tienen que ayudar a dos hermanos a conseguir mantener la temperatura del agua para preparar un té lo más constante posible en el tiempo que tarda su madre en llegar a casa. Planteando la pregunta de investigación ¿Cuál creen que es el mejor material para cubrir el recipiente? ¿Por qué? La cual han de responder demostrándolo de forma experimental. A continuación, se presenta la situación de aprendizaje completa:

> *"La madre de Martina y Lucas les ha pedido que le calienten el agua para hacerse un té en cuanto llegue de trabajar. Martina y Lucas tienen clase de inglés en la academia media hora antes de que su madre llegue y por ello tienen que dejar el agua caliente preparada. Ambos discuten sobre cómo hacerlo.*
>
> *Martina y Lucas desesperados buscan materiales. Tras algunos minutos encuentran un gorro de lana, papel de aluminio, papel de cocina y una camiseta de algodón. ¿Cuál crees que es el mejor material para cubrir el recipiente? ¿Por qué?"*

A partir de aquí, comienza el desarrollo de la actividad, la cual se divide en dos sesiones. Esta temporalización se podría emplear las sesiones que sean necesarias en función de las necesidades del alumnado. En la primera sesión, se propone realizar la presentación de la problemática, la pregunta y el razonamiento del problema, llegando a definir el procedimiento para investigarlo. En la segunda, se sugiere realizar la investigación planificada por cada grupo de trabajo, la recogida y análisis de datos y la obtención de conclusiones. Se finaliza con una puesta en común, comunicando los resultados de cada grupo a la clase y discutiendo cuál de las opciones es válida, considerando si es la misma que al inicio de la actividad o no, y razonando el cambio. Para facilitar la aplicación de la actividad se describe cada sesión en detalle, y se presenta el Cuaderno de trabajo con las preguntas que se realizan para ayudar al alumnado a seguir el proceso. Además, como docente, permite recoger sus producciones e identificar su progreso. En cuanto a los materiales disponibles, para cubrir el recipiente, se sugiere que sean cercanos al alumnado y se puedan encontrar en cualquier vivienda como papel de aluminio, papel de horno, gorro de lana o camisa de algodón.

Sesión 1: Descubriendo el material perfecto para nuestros recipientes.

Al inicio, tras plantear la pregunta de investigación, se solicita al alumnado, sin comenzar a hacer nada, cuál sería la respuesta que darían y su justificación. Así se conocen sus ideas iniciales sobre el comportamiento de los materiales aislantes y conductores frente a la energía, identificando algunas ideas alternativas como la de clasificar los materiales según si son fríos o calientes. Una vez que el alumnado haya decidido, y justificado, qué material es el mejor para cubrir el recipiente, deberá decidir con cuántas capas quiere cubrirlo, de tal forma que conserve la temperatura inicial del líquido (Figura 1).

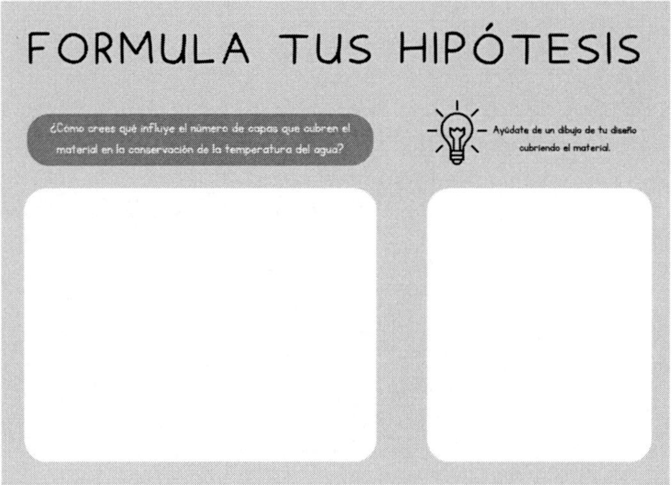

Figura 1. Reconocimiento de las variables a controlar.

El alumnado deberá representar cómo cubriría el recipiente, permitiendo conocer la influencia que puede tener el grosor del material en la variación de la temperatura del líquido del interior, y reconociendo que el número de capas empleadas también influye en el proceso.

Después, se comienza la planificación de la investigación. Para ayudar al alumnado a tomar las decisiones sobre qué medir, cómo hacerlo y cuántas veces, se proporcionan en el cuaderno de investigación las siguientes preguntas: ¿Cuántas medidas crees que hay que tomar? ¿Por qué? ¿Cada cuánto tiempo crees que hay que realizar cada toma? (Figura 2).

Para responder a la primera cuestión, el alumnado ha de considerar que la temperatura del agua va a variar según pase el tiempo, y dependiendo del material que lo recubra y las capas que se hayan puesto. En base a ello, han de identificar que necesitan un termómetro y un cronómetro, y decidir en qué intervalos de tiempo toman las medidas y cuántas veces. Es clave que el docente insista en que sean ellos y ellas quienes tomen las decisiones, trabajando así la importancia de la fiabilidad y la replicabilidad de la investigación. Es importante que se disponga del mismo número de termómetros que de recipientes en cada grupo. Para esta actividad los termómetros de alcohol de uso común son suficientes. Se sugiere que, si el alumnado no llega a determinar el número de medidas y la frecuencia, se les guíe a través de preguntas como ¿Qué os parece poder hacerlo…? a un número de cinco o seis tomas durante máximo 30 minutos para que no pierdan el interés por la actividad. También, se recomienda realizar comprobaciones previas. Para que la actividad funcione correctamente, es importante que haya una diferencia de 20 grados entre el líquido y el aire del exterior para asegurar que la disminución de temperatura sea relativamente rápida. Esto hará que en 20-30 minutos se puedan identificar claras diferencias entre la temperatura de los líquidos (como líquido se propone el uso de agua) contenidos en los recipientes.

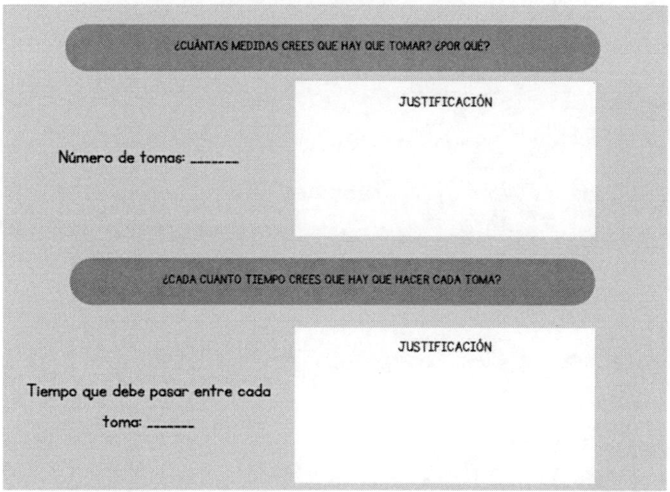

Figura 2. Preguntas que facilitan al alumno obtener datos fiables.

Sesión 2: Realización del experimento, registro y análisis de datos, y obtención de conclusiones.

La segunda sesión se inicia con el montaje de experimento. Para ello, los alumnos hervirán agua con la ayuda de un hervidor eléctrico, o ya estará preparada por el maestro o maestra. Posteriormente se vierte el agua en cuatro recipientes idénticos, pueden ser de plástico o de cartón. Cada uno será recubierto por un material distinto, asignando a cada vaso un número (por ejemplo, vaso 1 papel aluminio). Estas indicaciones se dan para que el profesorado pueda conocer el procedimiento, pero ha de ser el alumnado quien decida cuántos vasos necesita en función del número de materiales, y cómo los va a marcar.

También es importante, que todos los grupos reconozcan que la primera medida es el tiempo cero, y que a partir de ahí se reparta el papel de quién realizará medidas y quién controlará el tiempo. Una vez repartido estos papeles, pasan a la recogida de datos. Para ello, han de considerar cómo van a recoger los datos que obtienen y cómo los van a representar (Figura 3):

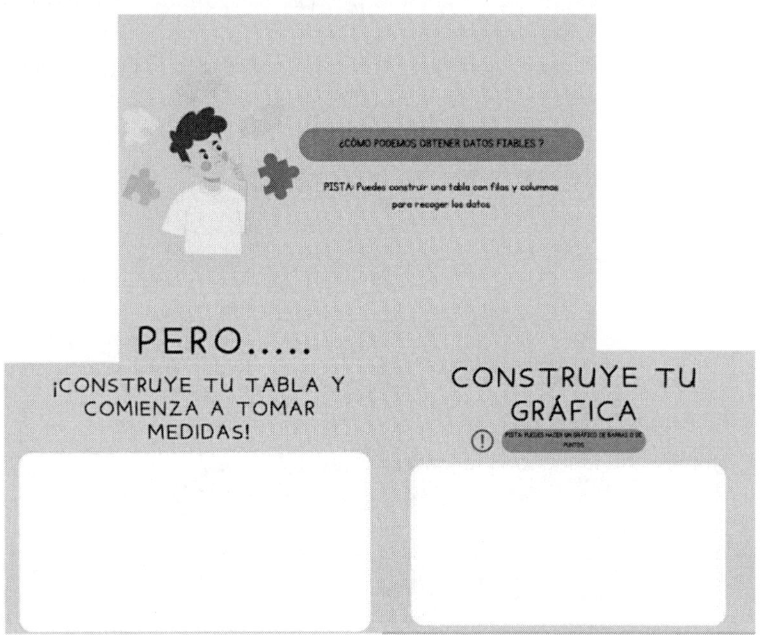

Figura 3. Plantilla para el proceso de registro de datos.

Desde este momento, el alumnado comienza a tomar medidas y registrar los datos obtenidos. Tomar estas decisiones promueve que tengan que considerar los distintos formatos de recogida de información, tablas, gráficos etc., las variables que están estudiando de tiempo y temperatura, el número de muestras que tienen y el número de medidas que realizan en función del tiempo. Tras ello, deben diseñar tablas de recogida de datos, mostrándoselas al docente. Estas tablas podrían ser similares a la de la figura 4.

MATERIAL	TOMA 1 TIEMPO 0:00	TOMA 2 TIEMPO 3:45	TOMA 3 TIEMPO 7:52	TOMA 4 TIEMPO 11:03	TOMA 5 TIEMPO 14:20
ALGODÓN	88ºC	75ºC	65,5ºC	52ºC	49ºC
LANA	88ºC	73ºC	65ºC	54ºC	52ºC
PAPEL DE ALUMINIO	88ºC	70ºC	62ºC	50ºC	44ºC
PAPEL DE COCINA	88ºC	71ºC	61ºC	49ºC	43ºC

Figura 4. Modelo tabla de recogida de datos.

Después de haber recogido los datos, los estudiantes procederán a representarlos de manera gráfica, atendiendo al tiempo de obtención de las medidas y la temperatura de las mediciones.

La gráfica que realicen para cada material podrá ser de barras o de puntos (Figura 5). Pueden ser un total de cuatro gráficas, si se decide hacer una por material o una gráfica en la que se muestre la comparativa de cómo se ha comportado la temperatura del líquido en cada caso. Se sugiere hacerlo de forma independiente y que luego el alumnado compare las gráficas, dado el ciclo en el que nos encontramos.

Al haber planteado la actividad para el segundo ciclo de Educación Primaria, no se les proporcionarán los gráficos ni las tablas, puesto que este contenido es impartido a lo largo de este ciclo en Matemáticas. Emplear gráficas y tablas favorece la interpretación de datos y la identificación de pautas en ellos, ya que los alumnos deben reconocer que, en un mismo periodo de tiempo, la temperatura del líquido del vaso envuelto en el material más aislante disminuirá menos que la temperatura del líquido del vaso recubierto por el conductor. Para ello, hay que asegurarnos como docentes que están tomando medidas de forma adecuada. Se deberían obtener gráficos similares a los de la figura 5.

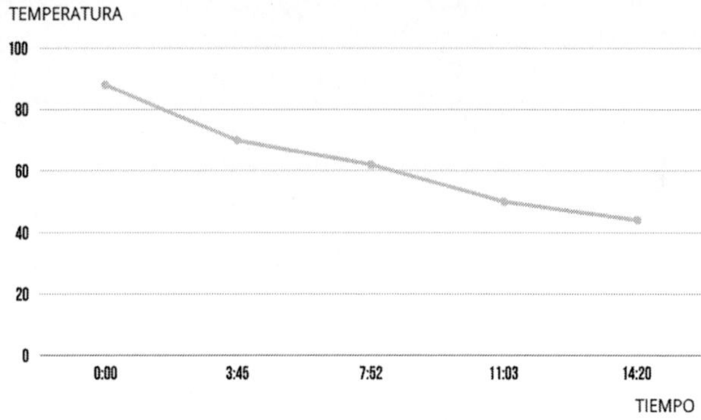

Figura 5. Modelo de representación gráfica de los datos.

Para ayudar al alumnado a establecer estas relaciones, proponemos realizar preguntas similares a las que aparecen a continuación ya que promueven el contraste de los datos presentes en las tablas y los gráficos y su interpretación (Figura 6): ¿Cuándo alcanza el algodón la temperatura mayor? ¿Por qué es en ese momento cuándo más temperatura tiene? ¿Cuándo alcanza este la temperatura menor? ¿Por qué es en ese momento cuándo menos temperatura tiene? ¿Cuánto tiempo ha pasado desde la temperatura mayor hasta la temperatura menor?

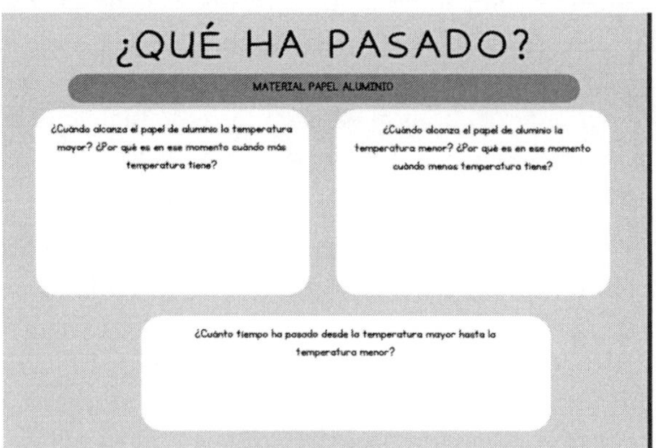

Figura 6. Interpretación de los datos obtenidos.

El proceso finalizará con la fase de conclusiones. En ella, los estudiantes deberán responder a la pregunta de investigación inicial, refutando o confirmando sus hipótesis.

Criterios y herramientas de evaluación

Tabla 2: *Rúbrica de evaluación.*

Criterio de evaluación	Insuficiente	Bueno	Excelente
Responder a preguntas y realizar predicciones razonadas, basándose en la observación sistemática y la formulación de hipótesis propias del método experimental.	No responde adecuadamente a las preguntas y no realiza predicciones.	Responde parcialmente a las preguntas y realiza hipótesis, aunque no razonadas.	Responde a las preguntas y propone hipótesis razonadas y originales, demostrando comprensión del método experimental.
Realizar experimentos guiados, utilizando diferentes técnicas y realizando mediciones precisas que registra correctamente.	El grupo no muestra conocimiento sobre las técnicas a emplear para resolver el problema, realizando mediciones imprecisas, que no quedan registradas adecuadamente.	El grupo muestra conocimiento sobre las técnicas a emplear para resolver el problema, pero encuentra dificultades en las mediciones y en el registro de los datos, no siguiendo una pauta adecuada en la toma de medidas.	El grupo muestra conocimiento sobre las técnicas a emplear. Realiza mediciones precisas y registra los datos meticulosamente.
Proponer respuestas a las preguntas planteadas, a través de la interpretación de los resultados obtenidos,comparándolos con las predicciones realizadas.	El grupo no propone respuestas a las preguntas planteadas y muestra falta de comprensión al interpretar los resultados. No compara los resultados con sus predicciones.	El grupo propone respuestas parciales a las preguntas planteadas y muestra dificultad en la interpretación de los resultados. Compara los resultados con sus predicciones, pero superficialmente.	El grupo propone respuestas bien fundamentadas a las preguntas planteadas, interpreta los datos adecuadamente, realizando una comparación detallada y precisa con sus predicciones.
Presentar los resultados de la investigación en diferentes formatos, utilizando el lenguaje científico, explicando los pasos seguidos y aportando argumentos para defender los resultados de la investigación.	El grupo presenta los resultados de manera desorganizada y no utiliza adecuadamente el lenguaje científico. No explica los pasos seguidos, ni proporciona argumentos para defender sus resultados.	El grupo presenta los resultados de manera clara. Utiliza el lenguaje científico de manera básica, y explica algunos pasos seguidos, pero no proporciona argumentos para defender sus resultados, solo los indica.	El grupo presenta los resultados de manera con una organización impecable y un uso preciso del lenguaje científico. Explica los pasos seguidos de manera detallada y proporciona argumentos fundamentados en teoría para defender sus resultados.
Identificar correctamente los materiales como aislantes y conductores de calor, relacionándolos con la transferencia de energía y explicando cómo estas características afectan en la disminución de temperatura del líquido.	El grupo no logra identificar los materiales como aislantes y conductores y muestra falta de comprensión sobre su relación con la transferencia de energía.	El grupo identifica los materiales como aislantes y conductores de calor, pero muestra dificultades para relacionarlos con la transferencia de energía. No explica cómo estas características afectan a la disminución de la temperatura de los líquidos.	El grupo identifica los materiales aislantes y conductores de calor, relacionándolos con la transferencia de energía y explicando cómo estas características afectan a la disminución de la temperatura de los líquidos.

Los criterios de evaluación son los siguientes:

- Responder a preguntas y realizar predicciones razonadas, basándose en la observación sistemática y la formulación de hipótesis propias del método experimental.
- Realizar experimentos guiados, utilizando diferentes técnicas y realizando mediciones precisas que registra correctamente.
- Proponer respuestas a las preguntas planteadas, a través de la interpretación de los resultados obtenidos, comparándolos con las predicciones realizadas.
- Presentar los resultados de la investigación en diferentes formatos, utilizando el lenguaje, explicando los pasos seguidos y aportando argumentos para defender los resultados de la investigación.
- Identificar correctamente los materiales como aislantes o conductores del calor, relacionándolos con la transferencia de energía y explicando cómo estas características afectan en la disminución de la temperatura del líquido.

Para evaluar el docente recogerá los cuadernos de trabajo y valorará los aspectos indicados en la rúbrica de evaluación. En ella, se establecen cuatro niveles de desempeño, de insuficiente a excelente y se describe qué haría el alumnado en cada nivel (Tabla 2).

Consideraciones a tener en cuenta antes, durante y tras la aplicación de la propuesta

En primer lugar, situándonos antes de la aplicación de la propuesta, es importante que el docente realice una evaluación inicial sobre los contenidos que se van a trabajar para conocer las ideas alternativas que los alumnos poseen sobre tema. Asimismo, es necesario que realice el experimento previamente en casa para dominar sus pasos y funcionamiento. Esto le permitirá familiarizarse con el proceso y preparar de manera adecuada los contenidos y los materiales necesarios.

En segundo lugar, durante la aplicación de la propuesta, es clave el paso de cómo se realizará el registro de datos y cómo se emplean los instrumentos de medida. Acordar con todos los grupos el momento exacto en que se toma la primera medida, para que tanto el tiempo inicial, como cada una de las medidas que se realicen, se hagan en tiempos similares, para que luego los resultados de los distintos grupos sean cercanos. La toma de medidas y el registro de datos es donde se puede cometer un mayor número de errores, lo que influye en el resto de la actividad.

Por último, después de la aplicación del experimento en el aula, se recomienda que se sigan trabajando los contenidos a través de situaciones similares para comprobar si se ha adquirido y comprendido el contenido. Por ejemplo, podría plantearse la posibilidad de crear un "abrigo" a un cubito de hielo, cuestionando al alumnado qué materiales usaría y por qué en base a lo aprendido.

Referencias

García-Carmona, A. (2008). Relaciones CTS en la educación científica básica II: Investigando los problemas del mundo. *Enseñanza de las Ciencias*, *26*(3), 389-402. https://doi.org/10.5565/rev/ensciencias.3750

García-Carmona, A. y Criado, A.M. (2013) Enseñanza de la energía en la etapa 6-12 años: un planteamiento desde el ámbito curricular de las máquinas. *Enseñanza de las Ciencias*, *31*(3), 87-102. DOI: 10.5565/rev/ec/v31n3.772

7

S.O.S MUDANZA: UNA PROPUESTA PARA TRABAJAR MÁQUINAS SIMPLES EN EDUCACIÓN PRIMARIA

Paula Briceño García, Almudena Chércoles Granados, Lorena Chicharro García, Violeta Fernández Martín y Paloma García González
Paula Briceño, Almudena Chércoles, Lorena Chicharro, Violeta Fernández y Paloma García

Resumen

En este capítulo se presenta una actividad de investigación diseñada para segundo ciclo de Educación Primaria sobre máquinas e instrumentos. Concretamente las máquinas simples. El diseño de esta actividad favorece la formulación de hipótesis, la planificación de la investigación y su resolución. Para ello, se presenta un contexto con tres situaciones problemáticas que encuentra la protagonista de la historia al tener que realizar una mudanza, y que el alumnado tiene que ayudar a solucionar tras decidir y construir la máquina más adecuada para cada caso. Para desarrollar la actividad, los grupos tendrán un cuaderno de investigación con preguntas que guían el proceso de resolución y que promueven que el alumnado piense sobre ciencias, en este caso sobre las máquinas simples y sus usos, seleccionando cuál es la más adecuada según la problemática planteada. Posteriormente se requiere construir las máquinas y comprobar su efectividad, identificando las limitaciones de su diseño y modificándolo. El profesorado dará apoyo al alumnado cuestionando los diseños y construcciones de las máquinas. Se proporcionan las pautas y materiales necesarios para realizar la actividad, así como el procedimiento de evaluación.

Fundamentación

La propuesta de indagación está dirigida preferentemente al alumnado de segundo ciclo de Educación Primaria, aunque el profesorado puede hacer las adaptaciones necesarias si quisiera implementarlo en otro ciclo. Así mismo, se dan las directrices de apoyo necesarias para clarificar aquellas ideas previas que pueda tener el alumnado sobre las máquinas, explicando cómo abordarlas durante la actividad para conseguir que el alumnado las identifique y poder así modificarlas. Los saberes básicos que se abordarán están incluidos en el bloque las máquinas simples: propiedades de las máquinas simples y su efecto sobre la fuerza, y sus aplicaciones y usos en la vida cotidiana (Ministerio de Educación y Formación Profesional, 2022) (Tabla 1).

Tabla 1. Saberes básicos y competencias STEM específicas que se trabajan en la propuesta.

Saberes básicos	Competencias
Tipos de máquinas: máquinas simples y sus características. Diferencia entre máquinas simples y compuestas. Relación entre las máquinas simples y sus usos en contextos cotidianos. Máquinas simples y su efecto en las fuerzas.	Diseñar investigaciones a partir de una pregunta de investigación concreta. Construir explicaciones sobre distintos fenómenos utilizando su conocimiento científico. Construir dibujos o diagramas como representaciones de eventos o sistemas. Discutir la limitación o presión de un modelo (o prototipo) para explicar un fenómeno sugiriendo mejoras en base a las pruebas disponibles. Construir un argumento científico que demuestran cómo los datos apoyan una afirmación. Producir textos o presentaciones que comuniquen sus propias ideas o logros.

Aunque este tema pueda parecer cotidiano, dado que la sociedad está rodeada de gran cantidad de máquinas, Criado et al. (2010) encuentran que el alumnado presenta dificultades al diferenciar entre máquinas simples y complejas en cuanto al uso que se les puede otorgar y a su funcionamiento. También, se encuentran concepciones como que las máquinas solo son aquellos aparatos que funcionan empleando botones y que requieren estar "enchufadas". Esto hace que máquinas como las rampas o las palancas no sean reconocidas como tal (Criado y García-Carmona, 2011). Es sobre estas ideas sobre las que se trabaja en la propuesta que se presenta a continuación. Para ello, es clave que el alumnado tenga que aplicar el conocimiento de la utilidad de estas máquinas en su contexto cotidiano. Para conseguirlo, se proporcionan diferentes situaciones de aprendizaje a las que deben dar solución proponiendo el diseño de distintas máquinas simples según el uso requerido.

Objetivos

El objetivo de esta propuesta es plantear una situación problemática en la vida cotidiana, que debe resolverse con el uso máquinas simples creadas por el alumnado. A partir de este objetivo general, se determinan los siguientes objetivos específicos:

- Reconocer las características de una máquina simple.
- Identificar los diferentes tipos de máquinas simples considerando dónde se sitúa su punto de fuerza, resistencia y apoyo.
- Tomar decisiones, en base a las características anteriores, sobre qué máquina es la más adecuada en cada situación, justificando su elección.
- Diseñar, construir y evaluar cada máquina, identificando sus fortalezas y limitaciones, y explicando cada modificación.
- Producir textos y comunicar sus ideas sobre la viabilidad de cada máquina para el uso requerido en cada situación de aprendizaje.

S.O.S MUDANZA

Para alcanzar los objetivos descritos, se sugiere organizar esta en tres fases. La primera, consiste en la presentación de la situación de aprendizaje relacionada con las problemáticas encontradas por la protagonista de la historia en relación con una mudanza que quiere realizar, y división del alumnado en los grupos de trabajo. En la segunda, se desarrolla la investigación para resolver el problema presentado, diseñando el prototipo de máquina para cada situación, construyéndolo y comprobando su utilidad. En la tercera, se realiza la puesta en común y una discusión entre los grupos considerando las máquinas empleadas en cada caso y evaluándolas, considerando sus fortalezas y limitaciones. La duración de la propuesta se plantea en torno a las dos sesiones donde desarrollan la segunda y la tercera fase. La primera podría trabajar unos días antes, dado que es la presentación de la actividad y la creación de los grupos de trabajo. Tal y como está diseñada podría adaptarse a cada aula, según el ritmo de aprendizaje del alumnado.

En primer lugar, teniendo en cuenta la importancia de situar al alumno en la utilidad del aprendizaje de ciencias para su vida cotidiana, se le proporciona el siguiente contexto:

"Una señora está mudándose al 2ºA de un bloque de edificios en Villaverde. Pero han surgido varios problemas para conseguir transportar el sofá a su nueva casa". (El docente o los alumnos podrán elegir el nombre de la protagonista. El nombre elegido se ha representado con un asterisco "*").

A continuación, se van presentando las distintas situaciones con las que se encuentra al intentar transportar el sofá:

> *Situación 1: "La rampa elevadora del camión que va a transportar el sofá no funciona. ¿Qué máquina podrías diseñar para que ayude a * a bajar el sofá del camión? ¿Qué características debería tener para que se pudiera resolver el problema?"*
>
> *Situación 2: "Al llegar al portal hay un escalón muy alto que tienen que subir. ¿Qué tipo de máquina podríais diseñar para ayudar a * a superar el escalón con el sofá? ¿Qué característica debería tener la máquina para cumplir la función a la que se destina?"*
>
> *Situación 3: "El ascensor de la nueva casa de * está averiado. ¿Qué máquina creéis que podría ser la más adecuada para subir el sofá a su casa? ¿En qué características de las máquinas os habéis fijado para decidirlo?".*

Se presentan tres situaciones diferentes que demandan construir tres máquinas distintas según el uso requerido. El proceso de construcción es el mismo. Se ha decidido diseñar de esta forma para que el docente pueda elegir distribuir los distintos casos entre los grupos de trabajo y que cada uno se centre en una situación diferente, o que todos realicen todos los casos.

Para facilitar la resolución de la actividad, queda a disposición de los docentes un póster en el que se presentan las tres situaciones y sus instrucciones. Recomendamos que este póster se imprima o se visualice, asegurando que el alumnado ha comprendido cuál es el problema por resolver y qué se solicita.

Tras la contextualización de la situación de aprendizaje, da comienzo la segunda fase de la actividad. Los estudiantes deben encontrar la solución a las tres situaciones problemáticas cooperativamente. Para ello, el docente procederá a distribuir la clase en grupos pequeños. A continuación, proporcionará a cada grupo un Cuaderno de investigación (Figura 1).

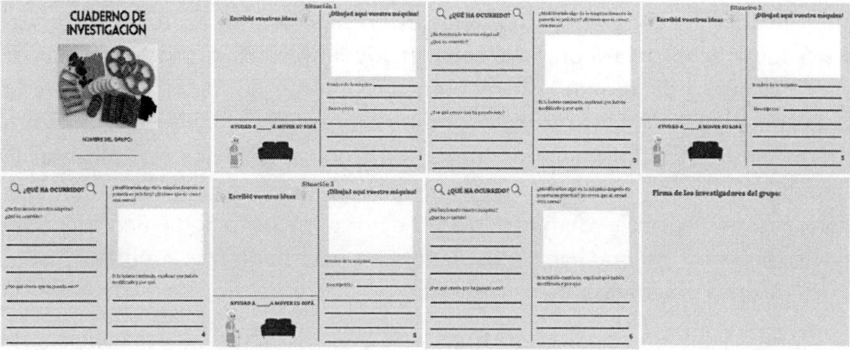

Figura 1. Cuaderno de Investigación completo.

Este cuaderno está diseñado para que los alumnos dibujen y escriban sobre las máquinas, por lo que se sugiere que sea impreso. Para cada situación, las preguntas en el cuaderno se dividen en dos partes (Figura 1). La primera, se corresponde con el diseño de los primeros prototipos, considerando no solo el dibujo, sino la explicación del funcionamiento (Figura 2), y la segunda con su evaluación (Figura 6).

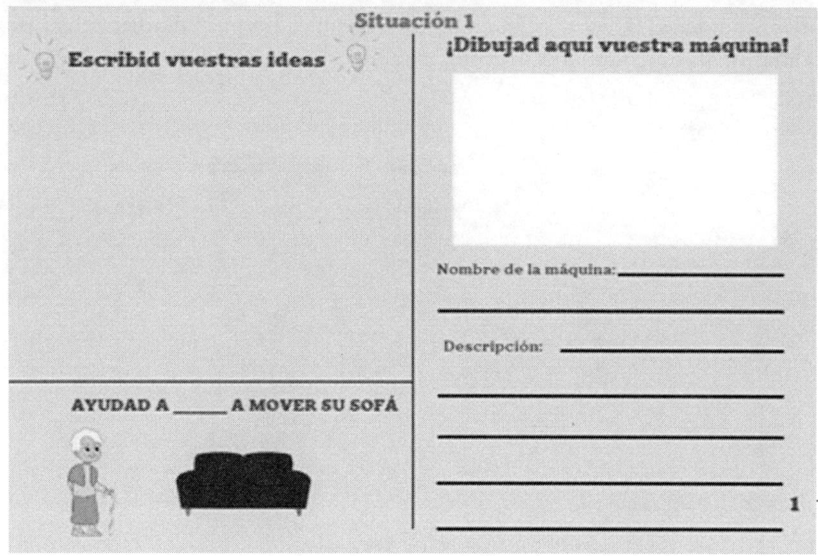

Figura 2. Primera parte del proceso de resolución: diseño y justificación de la máquina.

En esta primera parte, el alumnado razona sobre el problema planteado, buscando las soluciones posibles en base a las características de cada máquina simple que conozcan, realizando un dibujo considerando sus componentes y su utilidad. Para conseguir un diseño adecuado, el alumnado tendrá que manejar ideas de ciencias como las características de las máquinas, el punto de masa, el punto de apoyo, la fuerza que ejerce el ser humano. Para favorecer el razonamiento del alumnado, se propone al docente realizar el seguimiento de trabajo realizando preguntas como: ¿Qué objeto es mejor para alcanzar lo que quieres hacer?, ¿Por qué?, ¿Por qué ese y no otro?, ¿Puede funcionar si se coloca de otra forma?, ¿Se puede sujetar de otra manera?, ¿Qué necesitas para que se mueva?, ¿Lo que habéis diseñado sirve para resolver el problema?, ¿Por qué?, ¿Cómo funciona?...

Tanto el dibujo como la explicación queda plasmada en su cuaderno de trabajo para favorecer su evaluación posterior. Todo ello, según sus ideas, por lo que esta actividad puede utilizarse en la unidad didáctica de máquinas como actividad de aplicación de conocimiento o como evaluación, identificando qué conocimiento ha integrado el alumnado y cómo puede aplicarlo.

Tras ello, pasan la fase de construcción del prototipo de la máquina diseñada. Para ello, se puede proporcionar a cada grupo distintos materiales, algunos de utilidad para la construcción de los prototipos de máquinas, y otros que no, para que tenga que decidir en base a sus propiedades y las características de las máquinas cuáles elegirían. Un ejemplo de materiales puede ser: cuerdas, cordones, arandelas, lápices, palos, anillas, plastilina, botones de distintos tipos, bobinas de hilo, chinchetas, carretes de celo o lengüetas (Figura 3).

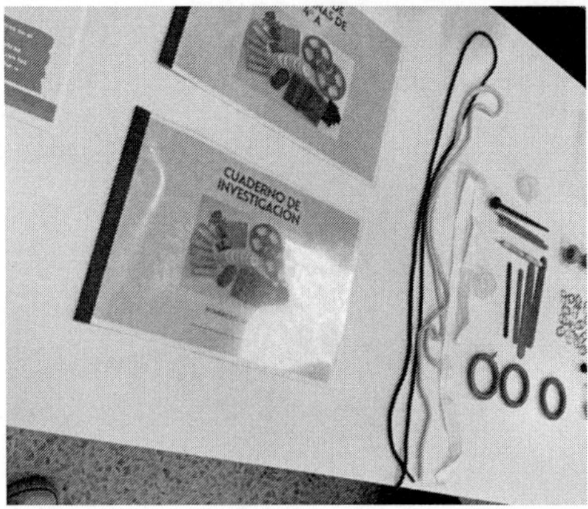

Figura 3. Cuadernos de investigación y materiales.

Para la comprobación experimental, se necesita contar con una representación de la señora, se propone para ello una figura de "Playmobil" o similar. Además, han de contar con una maqueta de la casa, el sofá que han de transportar, el camión de la mudanza sin rampa y el escalón a superar (Figura 4).

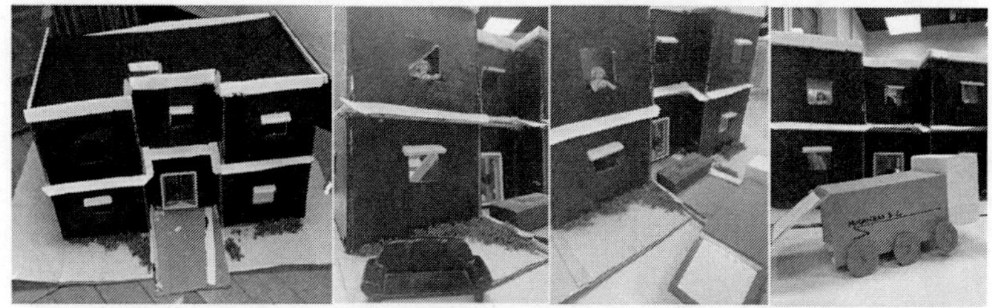

Figura 4. Maqueta de la casa, el sofá, el obstáculo. y el camión.

Algunos ejemplos de máquinas resultantes para las tres situaciones podrían ser (Figura 5).

Figura 5. Ejemplos de máquinas, rampa, palanca y polea, para resolver cada situación.

La segunda parte, se corresponde con el proceso de evaluación de la máquina, identificando sus fortalezas y limitaciones. Para ello se realizan en el cuaderno (Figura 6) las siguientes preguntas: ¿Ha funcionado vuestra máquina? ¿Qué ha ocurrido? ¿Por qué creéis que ha pasado esto? Además, se les solicita indicar qué es lo que tendrían que modificar y su justificación.

En este punto, es importante señalar que un aspecto clave en el aprendizaje es que el alumnado identifique dónde se ha equivocado y a qué ha sido debido, ya que se favorece su autonomía en su aprendizaje. Por ello, sugerimos que este proceso de evaluación y revisión del prototipo creado se transmita al estudiantado como un proceso clave en la construcción de cualquier conocimiento, no como una limitación. Remarcando, por ejemplo, que los ingenieros cuando crean nuevas máquinas también tienen que pasar por este proceso de evaluación y modificación.

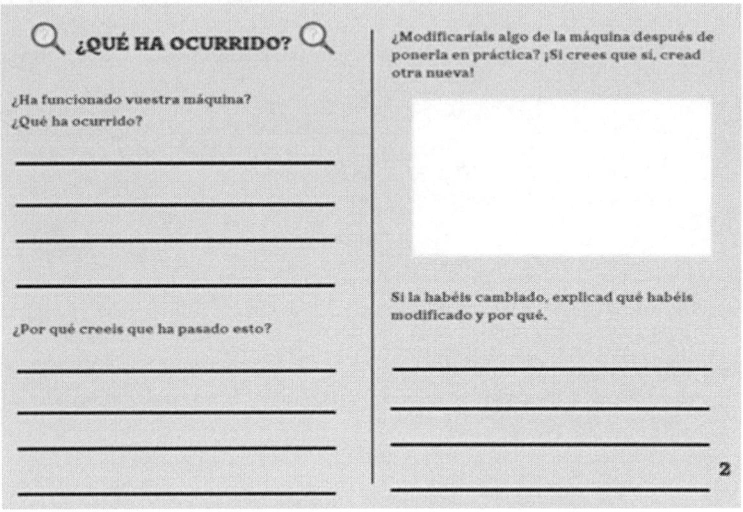

¿QUÉ HA OCURRIDO?

¿Ha funcionado vuestra máquina?
¿Qué ha ocurrido?

¿Por qué creeis que ha pasado esto?

¿Modificaríais algo de la máquina después de ponerla en práctica? ¡Si crees que sí, cread otra nueva!

Si la habéis cambiado, explicad qué habéis modificado y por qué.

2

Figura 6. Segunda parte: identificación de fortalezas y limitaciones de la máquina, y modificación.

Cuando los equipos hayan finalizado sus investigaciones, se procederá a la tercera y última fase, la puesta en común. En este momento, cada grupo debe defender por qué su máquina es la mejor. Con la mediación del docente, se deberá decidir cuál es la mejor máquina para cada situación. La puesta en común facilita establecer los criterios de selección escogidos por el gran grupo para determinar qué máquina es la mejor, reforzando de nuevo el contenido de ciencias trabajado en la propuesta. Entre las ideas que aparecen figuran identificar la funcionalidad de las máquinas, esto es, facilitar la vida de las personas con la mayor efectividad, en el menor tiempo y gasto posible, o establecer criterios y aplicarlos según conocimiento científico, en este caso sobre las máquinas. Esto les será útil en otros muchos contextos como en la elección de materiales en base a características como la elasticidad (si tienes que escoger entre un grupo de cuerdas más elásticas o menos, en función de la necesidad). Además, favorece el intercambio de ideas, ayudando a trabajar competencias como la comunicación científica, clave en el trabajo de los científicos.

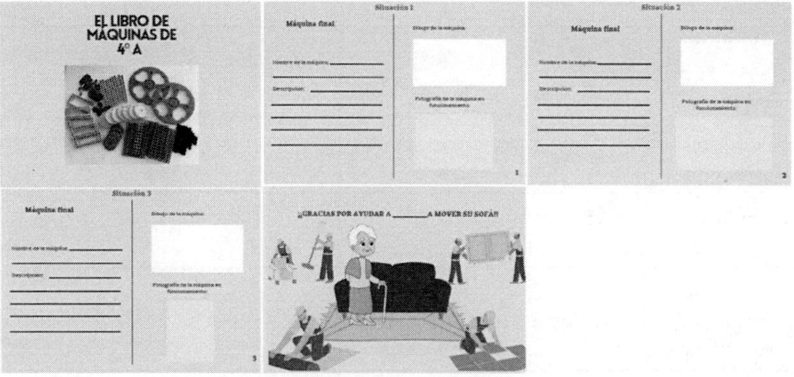

Figura 7. Cuaderno de investigación final.

Las máquinas elegidas se recogerán en un segundo cuaderno de investigación (Figura 7). El cuaderno se compone de la siguiente estructura para cada situación: el nombre y la descripción de la máquina escogida, un dibujo y una fotografía de la máquina en funcionamiento. La elaboración de este documento busca reforzar lo aprendido y seguir trabajando en la producción de informes. Se puede descargar el cuaderno de investigación final.

Criterios y herramientas de evaluación

En cuanto a los criterios de evaluación, y en relación con los objetivos propuestos para la actividad, se busca comprobar que el alumnado haya adquirido el conocimiento adecuado sobre las máquinas simples y sus aplicaciones en la vida cotidiana. Para evaluarlo, se recogen los cuadernillos presentados en el apartado anterior. En sus diversos epígrafes, queda plasmado el proceso de creación de las diferentes máquinas e instrumentos, y sus cambios y modificaciones, así como el conocimiento que el alumnado ha ido empleando para ello.

Para evaluar el contenido del cuaderno de aprendizaje se sugiere el empleo de la lista de control en la que se presentan los criterios de evaluación (Tabla 2). Apartado por apartado calificarán cualitativamente (en "valoración escrita") dicha sección, dando por último una valoración cuantitativa del 0 al 5 para la misma. Finalmente, deberán realizar una media general extrapolándola a una puntuación de 10, que será la calificación final del grupo de trabajo.

Tabla 2. Lista de control con criterios de evaluación.

Criterio de evaluación	**Valoración escrita**	**Puntuación (0-5)**
Las ideas iniciales del grupo se corresponden con las características de una máquina simple		
El dibujo y la descripción las máquinas se complementan		
Los alumnos han sabido explicar lo sucedido en la comprobación de la máquina en relación con la fuerza que ejerce, el punto de apoyo y su objetivo		
Los usos para la vida cotidiana están presentes durante el desarrollo de la idea de máquina		
Los cambios realizados en la idea inicial de máquina cumplen con las carencias detectadas en ella		
Los conceptos sobre la idea de máquina quedan claros al finalizar la actividad		
Evaluación y calificación final		**/10**

Consideraciones a tener en cuenta antes, durante y tras la aplicación de la propuesta

Como se ha mencionado previamente, esta actividad está planteada para el alumnado del Segundo Ciclo. Por tanto, deben conocer las propiedades observables de los materiales, como su forma, plasticidad, dureza, o elasticidad para la discriminación y selección de quienes utilizarán para crear sus máquinas de forma efectiva. En cuanto al proceso de planificación y construcción de las máquinas, es importante facilitar que el alumnado desarrolle diferentes ideas para crearlas. Por ello, se sugiere hacer la recolección de objetos reciclados con un margen suficiente de tiempo para realizar la actividad.

Además, hay que intentar, en la medida de lo posible, que los materiales que se usen en la actividad, simulando los muebles a trasladar, tengan la misma proporción y tamaño. Por otro lado, que tengan un peso considerable también ayuda a conseguir realismo en la situación. Para conseguir esto último, los muebles que se empleen de ejemplo como en este caso el sofá presente en la figura 6 se pueden rellenar con plastilina.

Referencias

Criado, A.M., y García Carmona, A. (2011). *Proyecto Curricular Investigando Nuestro Mundo [6-12].* Investigando las máquinas y artefactos. DÍADA editora.

Criado, A. M., García Carmona, A., Cañal de León, P., y Illescas Navarro, M. (2010). Acerca de los conocimientos iniciales de los escolares de primaria sobre las máquinas y artefactos. *Comunicación presentada en el XXIV Encuentro de Didáctica de las Ciencias Experimentales.* Jaén.

Ministerio de Educación y Formación Profesional. (2022). Real Decreto 157/2022, de 1 de marzo, por el que se establecen la ordenación y las enseñanzas mínimas de la Educación Primaria.

8

EL MISTERIOSO CONTAGIO DE MARTA Y JULIA: UN CASO PARA TRABAJAR SALUD Y ENFERMEDAD EN EDUCACIÓN PRIMARIA

Raquel Benito Ruiz, Almudena Fermín Elvira,
María Fernández Gil y Micaela Herreros Benedicto

Resumen

En este capítulo se describe una propuesta de investigación centrada en abordar salud y enfermedad en el tercer ciclo de Educación Primaria. Durante la actividad se favorece que el alumnado ponga en práctica contenidos relacionados con el contagio a través de los fómites y su prevención con una correcta higiene de manos. Para ello, se propone un caso práctico, donde, mediante pistas facilitadas por el docente, el estudiantado resolverá cómo dos hermanas en la misma casa se han contagiado de la misma enfermedad, sin estar en contacto. Se partirá de los conocimientos del alumnado sobre el proceso de contagio, los vectores de transmisión y las medidas de prevención que existen. Aplicando estas ideas deben ayudar a resolver el caso. El contexto presentado favorece la puesta en práctica de competencias científicas como la identificación e interpretación de datos, la obtención de conclusiones en base a pruebas y su comunicación.

Fundamentación

A través de la actividad de indagación planteada se trabajarán contenidos de salud presentes en el tercer ciclo de Educación Primaria (Ministerio de Educación y Formación Profesional, 2022). Concretamente, se abordarán, los vectores de transmisión de los virus, la generación de una enfermedad y la importancia de la higiene de manos, enfocada a la prevención del contagio a través de fómites.

Respecto a estos contenidos es común encontrar ideas alternativas como: que solo los lugares que consideramos "sucios" son los que tienen microorganismos patógenos o que unas manos "limpias" implica ausencia de microorganismos al no ser observados a simple vista. Además, el alumnado tiende a considerar únicamente vías de transmisión directas para el contagio de enfermedades como el contacto entre personas enfermas, sin considerar las indirectas. Méndez-Peña (2021) afirma que estas concepciones erróneas llevan a los individuos a interiorizar hábitos de higiene incorrectos, lo que supone un riesgo para la salud individual y colectiva.

Tabla 1. Saberes básicos y las competencias específicas de STEM que se trabajan con la actividad propuesta (adaptado del Real Decreto 157/2022)

Saberes básicos	Competencias
Vectores de transmisión microrganismos: virus, bacterias, hongos… Origen de una enfermedad y formas de contagio. Comportamiento del cuerpo humano frente a una enfermedad. Medidas de prevención y su relevancia en la prevención, entre ellas higiene de manos.	Analizar datos procedentes de distintas fuentes de datos identificando pautas o contradicciones entre ellos. Ofrecer explicaciones causales adecuadas a su nivel de conocimiento. Construir un argumento científico que muestre como las pruebas aportadas en la actividad apoyan la afirmación realizada. Producir textos o presentaciones para comunicar sus ideas o logros.

En este capítulo se aborda cómo trabajar con el alumnado estas ideas, en concreto cómo los objetos que tenemos en casa pueden convertirse en un vector de infección, convirtiendo la higiene de manos en una práctica imprescindible.

Se presenta como un problema a solucionar donde el alumnado tendrá que decidir cómo actuar según su conocimiento, promoviendo un desarrollo de una conciencia crítica, una búsqueda de soluciones, etc. (Izquierdo Miranda, 2016). Así, la actividad se enmarca en la Enseñanza basada en la Indagación, y favorece la puesta en práctica de destrezas científicas incluidas en las competencias específicas STEM de la tabla 1 (Ministerio de Educación y Formación Profesional, 2022).

Objetivos

El objetivo es que el alumnado adquiera la conciencia de que lavarse las manos es una práctica de higiene básica que contribuye al bienestar colectivo de la sociedad. Al cuidar nuestra propia salud, y reducir la propagación de enfermedades, somos responsables del bienestar de los demás miembros de la comunidad. Este objetivo se concreta en los siguientes objetivos específicos:

- Modificar que los microorganismos se encuentran solo en zonas aparentemente sucias.
- Razonar sobre la perduración de microorganismos en las superficies y objetos.
- Reconocer los factores o situaciones que hace que nos contagiemos.
- Identificar la información relevante para resolver el caso en los datos facilitados y relacionarlos entre sí.
- Tomar decisiones sobre qué pistas son necesarias para resolver el caso del contagio de las hermanas.
- Construir una explicación argumentada sobre qué le ha podido suceder a las hermanas para se contagiaran del mismo virus, apoyándolo en las pruebas encontradas.
- Tomar decisiones sobre cómo ocurre el contagio entre ambas hermanas.

El misterioso contagio de Marta y Julia

Se sugiere que esta actividad de investigación que se realice en el tercer ciclo de Educación Primaria dada la cantidad de información que se proporciona, pero podría adaptarse sin problema al segundo ciclo. Puede tener una duración de dos sesiones, incluso tres si fueran necesarias. Para que el alumnado pueda seguir el caso, e ir respondiendo a las cuestiones que se plantean se proporciona el siguiente Cuaderno investigación.pdf.

Una vez finalizada la actividad, el cuaderno sirve como instrumento de recogida de información, permitiendo conocer el conocimiento adquirido por el alumnado. Junto con el cuaderno, a lo largo de la actividad se suministrará al alumnado las distintas pruebas que ayudarán a resolver el caso. Además, se explicará al docente cómo, y cuándo, emplearlas en la actividad. Se sugiere organizar al alumnado en grupos de trabajo de cuatro o cinco estudiantes.

En primer lugar, hay que plantear la situación de aprendizaje y formular la pregunta de investigación. Para ello, el profesorado expondrá a la clase el siguiente caso:

> *"Marta y Julia son las primeras personas contagiadas en Madrid de un virus que está produciendo muchos problemas en Perú, lo único que se sabe es que Julia hace una semana que volvió de un voluntariado de ese país, y que comenzó a presentar los síntomas antes que se hermana Marta, que los desarrolló unos días después. Lo raro de este caso es que en ningún momento han estado juntas físicamente por lo que nos piden descubrir cómo ha sido posible que Marta se haya contagiado del mismo virus que Julia"*

Tras plantear la situación, se muestra la primera pista, un vídeo Pista 1.MOV en el que aparece una reportera en Lima donde Julia realizó el voluntariado. En el vídeo se informa de que este virus se está extendiendo rápidamente por el país, y que ha podido infectar a personas que han estado allí las últimas semanas.

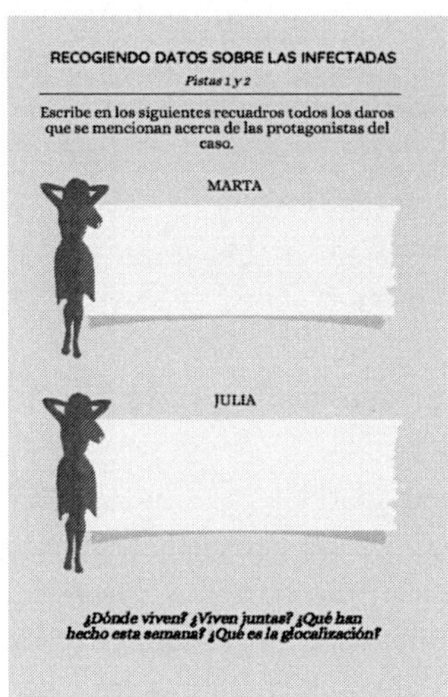

Figura 1. Preguntas sobre la pista nº1 *(vídeo de la situación de la enfermedad).*

En este punto, se solicitará a los alumnos que, con la información proporcionada en la historia y lo aprendido sobre cómo se contagian las enfermedades, consideren cómo se contagió Marta de la misma enfermedad que Julia sin entrar en contacto en ningún momento. Sus respuestas servirán para conocer las ideas iniciales que manejan, y favorecerá que comiencen a dar posibles respuestas al problema (o formular sus hipótesis), siempre considerando el contenido que se está trabajando. Para conocer si el alumnado ha comprendido la problemática se les solicita describir qué información se tiene de las hermanas (Figura 1). Se añade una pregunta más para conocer qué saben sobre la glocalización.

En segundo lugar, se les muestra una noticia (Figura 2), donde se expone el caso de las dos hermanas infectadas, y el mapa de su casa (Figura 3).

NOTICIENCIAS DE PERÚ

DOS HERMANAS MADRILEÑAS DAN POSITIVO EN EL VIRUS PERUANO

Edición IX - 10 de diciembre de 2023

SALUD, ENFERMEDAD Y FUNCIONAMIENTO DEL CUERPO HUMANO

Dos hermanas madrileñas se han sumado a la ola de contagios del nuevo virus con origen peruano.

Una de ellas estaba participando en un proyecto de voluntariado en Perú, pero regresó a España para descansar unas semanas. Allí, vive con su hermana.

Las jóvenes contagiadas se encuentran ahora ingresadas.

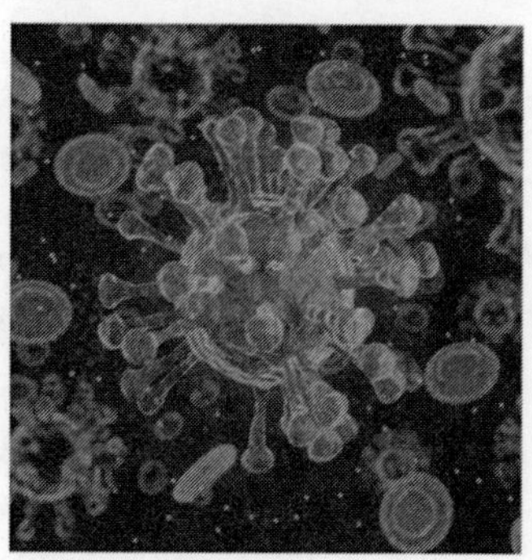

Figura 2. Noticia del caso.

Considerando ambas informaciones, y la descripción dada en los recuadros del cuaderno (Figura 1), deben responder a las siguientes preguntas ¿Dónde viven las hermanas? ¿Qué han Hecho esta semana? Con ello se pretende que en el texto identifiquen que Julia ha estado en Perú recientemente y lo conecten con la presencia del virus en dicho país.

Además, considerando el mapa de la casa, el alumnado debe identificar qué posibilidades existieron de que las dos hermanas coincidieran en la casa, reconociendo que cada una tiene su habitación y únicamente comparten las zonas comunes (baño, cocina y sala de estar).

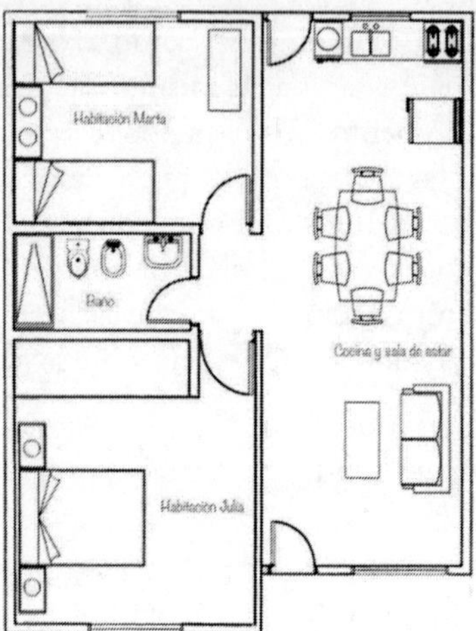

Figura 3. Mapa de la casa de Marta y Julia.

Una vez analizadas la noticia y el mapa, se da paso a la pista número 3. Se trata de los horarios (Figura 4) y diferentes mensajes que se han enviado entre ellas por "WhatsApp" (Figura 5) (ver Pista 3.1.pdf Pista 3.2.pdf Pista 3.3.jpeg). Presentar la información de esta forma favorece que el alumnado analice datos que se encuentran en distintos formatos, reconociendo tanto pautas como contradicciones en ellos. Para ayudarles, en el cuaderno se realizan estas preguntas:

> *Después de observar los horarios de ambas y los mensajes que se enviaron, responde a las siguientes preguntas:*
>
> *¿Han coincidido físicamente en algún momento? ¿En qué te has basado para responder a la pregunta?*
>
> *¿Comparten en algún momento alguna habitación de la casa? ¿Cómo lo has sabido?*
>
> *¿Cómo es posible entonces que las dos estén contagiadas?*

El alumnado, con la información facilitada, tiene que identificar que ambas hermanas no coinciden físicamente, ya que Julia está aislada en su habitación. Estos datos los pueden obtener de la conversación que tienen en "WhatsApp", la cual han de relacionar con sus horarios, e identificar que no han estado juntas en ningún momento. Para llegar a establecer esta conclusión, el alumnado debe descartar la transmisión por contacto directo, y considerar otras posibles opciones.

PLANNING SEMANA 1 MARTA

PLANNIG SEMANA 1 JULIA

Figura 4. Horarios semanales de Julia y Marta.

Es, en este punto, en el que se sugiere al docente introducir la existencia de vías de transmisión indirectas. Estas son más difíciles de reconocer por el alumnado, por ello es importante favorecer que lleguen ellos mismos a esa conclusión. Para comenzar a investigar la posibilidad de infección por vías indirectas, considerando la presencia de microorganismos en las superficies se aporta la cuarta pista en la que se muestran fotografías de distintos lugares de la casa, algunos que el alumnado asocia como "sucios" como el baño y otros "limpios" como la cocina de la casa (Figura 6).

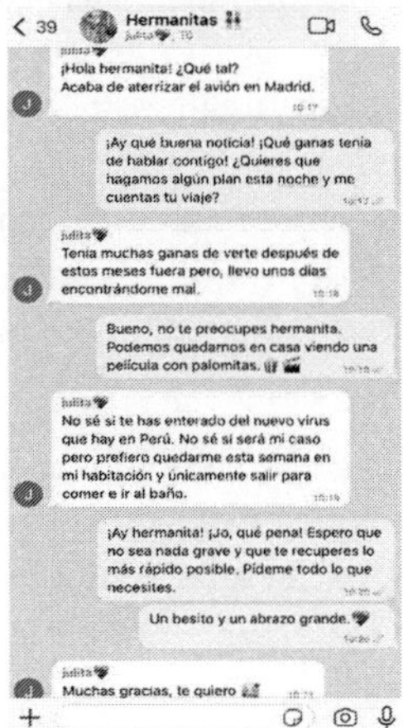

Figura 5. Conversación de WhatsApp de ambas hermanas.

Tras analizar las fotografías del baño y la cocina, en el cuaderno han de responder a las siguientes cuestiones: *¿Están limpias o sucias? ¿En qué os habéis basado viendo las fotografías?*

También, se les invita a realizar la siguiente reflexión *¿Que algo parezca limpio significa que de verdad lo esté?* Explícalo. De esta forma como docentes conoceríamos si asocian limpieza con ausencia de microorganismos o por el contrario consideran que, aunque no se puedan ver, puede que se encuentren allí. Si responden de esta última forma, habría que profundizar si generalizan a todos los lugares, o en el baño no pensarían lo mismo. Es decir, si relacionan la presencia de microorganismos con los espacios y el uso que se le da.

Figura 6. Distintas localizaciones de la casa de Marta y Julia.

Una vez identificado por el alumnado que, aunque la superficie que ve se limpia no significa que no tenga "nada", se sugiere introducir la quinta pista, una fotografía de objetos cotidianos de la casa de las hermanas, trapo de cocina, bote de conservas y bote de lavavajillas (Figura 7), pero podrían emplearse otros sin problema. Es importante que se muestren dentro de pequeñas bolsas de plástico transparentes.

Para ayudar al alumnado, se han recogido muestras de los objetos y se han analizado, para ello se ha de explicar qué es una placa Petri, qué es lo que hay en su interior (medio de cultivo del que se alimentan los microorganismos), y para qué sirve (permitir que los organismos puedan crecer e identificar colonias si las hubiera).

Figura 7. Muestra de objetos de la vivienda de las dos hermanas.

En este paso, pueden existir dos opciones, una de ellas es que, tras mostrar el material de la figura 7, se muestre el resultado obtenido en las placas Petri en la que se muestra que han crecido distintas colonias de microorganismos (Figura 8). O previamente, para que el alumnado pueda comprenderlo mejor, se puede realizar una práctica muy sencilla, que es preparar los medios (ver receta en https://www.encuentrosconlaciencia.es/?page_id=2101), por ejemplo, en tuppers transparentes, y que en uno de ellos pongan una mano que consideren sucia y en otro una mano que se hayan lavado, y consideren "limpia". Después dejar en un armario una semana los medios de cultivo y comparar qué ha ocurrido, en cuál de ellos se observa un crecimiento mayor de colonias y a qué se debe. Los crecimientos deberían ser similares a los de las muestras de las placas de la figura 8.

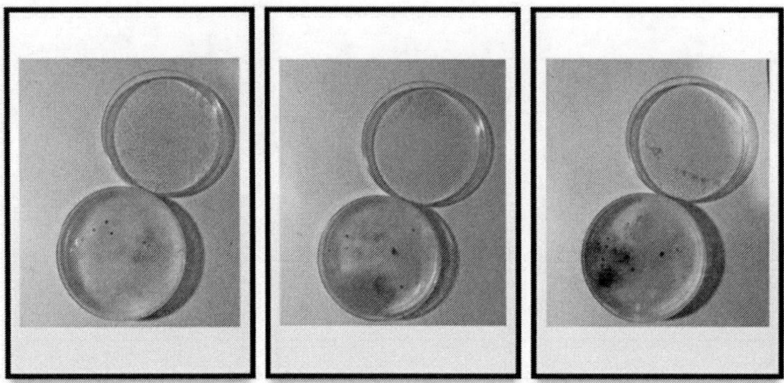

Figura 8. Muestras de microorganismos obtenidos de los objetos analizados.

Importante aquí, la enfermedad del caso presentado la transmiten virus que no son observables ni con microscopio escolar. El alumnado ha de entender que no los podemos ver, pero sí que se observan directamente el crecimiento de colonias (grupos numerosos) de mohos y bacterias, y que esto nos puede servir para que nuestros alumnos identifiquen que una superficie que a simple vista parece "limpia" puede no estarlo, y que al igual que ocurre con mohos y bacterias, también pueden estar presentes virus. Se sugiere utilizar la propuesta de las placas Petri porque sirve de anclaje para profundizar en el conocimiento acerca de la presencia de organismos no observables. Para ayudar en el proceso de razonamiento, en el cuaderno se proponen las siguientes preguntas.

Observando las placas Petri con muestras de los objetos recogidos en la casa, ¿Coinciden tus respuestas anteriores con la realidad? Explícalo.

Se espera que, considerando la información de las pistas anteriores, y la de las nuevas pistas, los objetos de la casa y las muestras que indican que sí hay presencia de microorganismos, aunque parezcan que los objetos estén limpios, el alumnado se dé cuenta de que estos objetos hayan sido el medio de transmisión de los virus entre ambas hermanas, aunque no hayan estado en contacto directo.

Finalmente, para relacionar el contagio con las medidas de higiene de las hermanas, y las consecuencias que tuvo para ellas, se aporta la pista número 6, una entrevista de las dos hermanas (Pista 6.pdf) en la que cuentan qué medidas de higiene mantenían y cómo era su día a día.

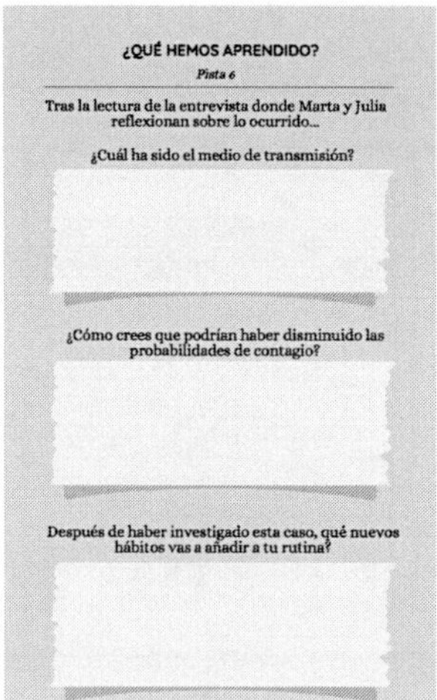

¿QUÉ HEMOS APRENDIDO?

Pista 6

Tras la lectura de la entrevista donde Marta y Julia reflexionan sobre lo ocurrido...

¿Cuál ha sido el medio de transmisión?

¿Cómo crees que podrían haber disminuido las probabilidades de contagio?

Después de haber investigado esta caso, qué nuevos hábitos vas a añadir a tu rutina?

Figura 9. Preguntas sobre la pista nº 6 *(entrevista de ambas hermanas)*

En el cuaderno (Figura 9) se plantean las últimas cuestiones que solicitan conectar a la explicación anterior las consecuencias que ha podido tener unas medidas de higiene ineficaces en el contagio de Julia. Con estas preguntas se favorece que el estudiantado integre toda la información que ha ido recibiendo y le dé sentido para llegar a la conclusión y resolver el caso planteado, revisando si su respuesta es igual o diferente a la inicial. Además, se requiere al alumnado considerar que medidas introduciría en su vida diaria para que esto no sucediera, dando sentido al conocimiento adquirido.

Criterios y herramientas de evaluación

Tabla 2. Lista de cotejo y herramienta de evaluación.

	1	2	3	4	5
Ha comprendido el concepto de globalización en el ámbito de la sanidad					
Ha reconocido qué factores o situaciones pueden hacer que nos contagiemos, reconociendo que existen vías de contacto directo e indirecto					
Ha reflexionado sobre si la ausencia de microorganismos y la limpieza de superficies es lo mismo					
Ha participado en las discusiones sobre el caso presentado y los posibles sucesos ocurridos					
Ha condensado toda la información en el cuaderno de investigación colaborando en equipo					
Ha interpretado cada pista adecuadamente, reconociendo el papel que juega en el proceso de resolución					
Ha elaborado conclusiones correctas gracias a la interpretación adecuada de los datos y de las pistas, así como a su conocimiento sobre transmisión de enfermedades					
Ha comunicado sus ideas y logros a través de sus cuadernos de investigador					

Para la recogida de información del trabajo del alumnado tenemos, por una parte, el cuaderno de investigación, y por otra la lista de cotejo que aparece a continuación que sirve para realizar un registro por observación del desempeño de los grupos en la actividad (Tabla 2). Además, esta lista de cotejo también sirve como herramienta de evaluación para corregir el cuaderno dado que los criterios de evaluación, aunque descritos de otra forma, se conectan directamente con los objetivos de aprendizaje definidos al inicio y con las competencias y saberes básicos. Para cada ítem se establece un intervalo de 1 a 5, considerando que 1 es no realizado y 5 realizado satisfactoriamente.

Consideraciones a tener en cuenta antes, durante y tras la aplicación de la propuesta

Para el desarrollo de esta actividad es importante que el estudiantado domine los conceptos de vías de transmisión directas e indirectas de contagio para que pueda ir analizando todas las pistas y llegar a una conclusión. Por tanto, se sugiere que esta actividad sea una actividad de aplicación de lo que han aprendido a lo largo de la propuesta. Esto le servirá tanto al docente, como a su alumnado, para comprobar si ha adquirido el conocimiento y es capaz de aplicarlo a un contexto cotidiano.

Además, al realizar la actividad, se deben considerar seguir el mismo orden que el descrito en el capítulo, para favorecer que sean los y las alumnas quienes identifiquen e interpreten la información relevante en las pistas, conectándolo con lo que conocen sobre las enfermedades y las vías de transmisión. Para ello, es clave que las pistas se vayan dando a medida que se desarrolle la actividad, mientras que el cuaderno sí lo podrían tener. También, es clave, que redacten todo el proceso de resolución en el cuaderno, ya que les ayudará a ir conectando las ideas de ciencias con la información proporcionada en las pistas, pudiendo siempre revisarlo.

Referencias

Izquierdo Miranda, F. (2016). Aprendizaje por indagación en Educación Primaria: Análisis e interpretación de datos y desarrollo de modelos, TFG, Universidad de Burgos, Burgos. https://riubu.ubu.es/bitstream/handle/10259/4171/Izquierdo_Miranda.pdf?sequence=6&isAllowed=y

Méndez Peña, C. F. (2021). Concepciones de estudiantes de grado 10-1 del Colegio Técnico Domingo Faustino Sarmiento (IED) acerca del virus SARS CoV-2 y su transmisión: elementos de aporte didáctico.

Ministerio de Educación y Formación Profesional. (2022). Real Decreto 157/2022, de 1 de marzo, por el que se establecen la ordenación y las enseñanzas mínimas de la Educación Primaria.

9

¡¡LÍO EN LA COCINA!! COCINEROS AL RESCATE

Isabel García-Bravo Real, Vanesa González Ramírez y
Victoria Marín Dueñas

Resumen

En este capítulo se presenta una propuesta didáctica para trabajar con el alumnado de tercer ciclo de Educación Primaria las mezclas homogéneas y heterogéneas. En concreto, se centra en explorar mediante una actividad de indagación, las características de ambos tipos de mezclas y sus correspondientes métodos de separación, enmarcándolo en un problema en la cocina de un restaurante. A lo largo del capítulo se abordará cada paso de la actividad, considerando qué ha de hacer el alumnado y cómo, a la vez que se detallan los saberes básicos y las competencias que pondrá en juego. También, se mostrarán los materiales de trabajo, como el cuaderno de actividades, de tal forma que al implementar la actividad se consiga una mayor comprensión sobre las mezclas homogéneas y heterogéneas y sus técnicas de separación, así como un incremento del interés hacia las ciencias al conseguir dar sentido a lo que hacen. Junto con lo anterior, se proporcionan recomendaciones para llevar esta propuesta a su aula.

Fundamentación

Las mezclas homogéneas y heterogéneas y sus respectivos métodos de separación son un contenido clave a trabajar en el currículo de Educación Primaria (Ministerio de Educación y Formación Profesional, 2022). Esta importancia reside en la presencia de las mezclas en la vida diaria, pudiéndolas encontrar en la comida, la bebida, los medicamentos, los productos de limpieza o en nuestro cuerpo (Paixão, 2004). Por lo que conocer cómo se forman las mezclas, qué tipos existen o qué características presentan es crucial para poder desenvolverse de manera eficaz en nuestro entorno.

Actividades sobre mezclas y su separación son muy comunes en las aulas de Educación Primaria, por ello, la novedad de este capítulo reside en la metodología docente empleada, ya que se presenta una actividad de indagación (investigación) guiada. Dicha actividad permitirá al alumnado partir de una situación de aprendizaje concreta, razonar sobre el problema que tienen que solucionar y tomar decisiones sobre cómo resolverlo. Para ello, tendrá que integrar sus conocimientos sobre las mezclas y las técnicas de separación con competencias científicas (destrezas) como la planificación de una investigación o la obtención de conclusiones.

Concretamente, en esta propuesta se trabajan saberes básicos como: ¿Qué es una mezcla?, ¿Qué sustancias componen una mezcla?, ¿Qué diferencias existen entre mezclas homogéneas y heterogéneas? ¿Qué métodos de separación existentes según el tipo de mezcla? (Ministerio de Educación y Formación Profesional, 2022). El aprendizaje sobre este contenido, que puede parecer sencillo, no está exento de dificultades para el alumnado, el cual le lleva a presentar ideas alternativas como (Del Pozo y Martín, 2012; Del Pozo, 2013):

Confusión entre mezclas y sustancias puras: se deben concretar bien las diferencias que existen entre las sustancias puras y las mezclas, ya que se dan muchos errores al hacer esta clasificación considerando al agua como una mezcla y o el acero una sustancia.

Identificación errónea de las características de las sustancias mezcladas para determinar la separación de mezclas: por ejemplo, en el caso del agua y el aceite se emplea la decantación como técnica. Para su justificación, la mayoría del alumnado solo considera cómo se disponen los distintos líquidos en base a su densidad, sin tener en cuenta si estos líquidos son miscibles o inmiscibles entre ellos. Para justificarlos adecuadamente, se deben relacionar ambas características. Por ello, es fundamental trabajar las características de las sustancias, considerando sus semejanzas y diferencias.

Pensamiento de que los métodos de separación de mezclas son conceptos abstractos sin aplicación práctica en la vida cotidiana. Para abordar esta idea es útil proporcionar ejemplos de situaciones en las que se emplean estos métodos. En esta propuesta destacan varios ejemplos prácticos para demostrar cómo estos métodos se utilizan en la vida diaria. Por ejemplo, filtrar el agua para eliminar las hojas de té que han caído en la infusión.

Tabla 1. Relación de la propuesta con los saberes básicos del currículo y competencias desarrolladas (adaptado del Real Decreto 157/2022).

Saberes básicos	Competencias
Características de la materia como densidad, solubilidad, tamaño etc. Mezclas homogéneas y heterogéneas y sus características. Criterios de clasificación de la materia. Identificación de semejanzas y diferencias entre los componentes de una mezcla. Técnicas de separación y su relación con las características de la materia.	Diseño de una investigación a partir de una pregunta de investigación. Realización de observaciones e identificación de características de los materiales. Representar y explicar fenómenos mediante dibujos o diagramas. Construir un argumento científico que muestre cómo los datos apoyan una afirmación. Producir textos o presentaciones que comuniquen sus propias ideas y logros.

Trabajar de esta forma ayuda a comprender cómo en situaciones cercanas como cocinar hay multitud de mezclas y se emplean muchos métodos de separación. Además, el estudiantado adquirere competencias científicas específicas (destrezas) como diseñar una investigación a partir de una pregunta de investigación, formular posibles hipótesis, construir dibujos o diagramas como representaciones de eventos o sistemas o producir textos o presentaciones para comunicar sus ideas. En la tabla 1 se exponen los saberes básicos y competencias que se desarrollan con esta propuesta.

Objetivos

El objetivo es comprender conceptos de mezclas homogéneas y heterogéneas, sus características y métodos de separación, y desarrollar destrezas como realizar predicciones a partir de observaciones, representar sustancias o tomar decisiones sobre la técnica de separación emplear. Este objetivo general se concreta en los siguientes objetivos específicos:

- Identificar la situación problemática en cada caso planteado, en concreto qué mezcla se proporciona y cómo se podría separar.
- Identificar si las mezclas problema son homogéneas y heterogéneas en base a sus características.
- Plantear un procedimiento experimental para separarlas, considerando qué material sería necesario y cómo se realizaría, seleccionando el método adecuado en base a las características de los componentes que conforman la mezcla.
- Obtener conclusiones en cada caso, considerando si la forma de proceder ha sido adecuada, según los resultados obtenidos en la separación.
- Elaborar un informe para comunicar tanto el proceso seguido como sus conclusiones de forma clara y precisa.

¡¡Lío en la cocina!!

Toda la propuesta gira en torno a la pregunta de investigación:

¿Cuáles son las diferencias entre mezclas homogéneas y heterogéneas y cómo se pueden separar?

En primer lugar, se ambientará el aula como si fuera un prestigioso restaurante en el que el profesorado adquirirá el rol de camarero o camarera. Cuando el alumnado llegue se les preguntará por sus reservas y se les conducirá a sus respectivos reservados (mesa con cuatro o cinco estudiantes).

Para poder resolver la pregunta anterior, tendrán que conseguir solucionar cuatro situaciones que ese día han acontecido en el restaurante y que hacen que todo esté siendo un caos. Para hacerlo, cada grupo tendrá que rellenar su cuadernillo de recetas. En él anotarán las hipótesis sobre los métodos de separación escogidos (Figura 1), los diferentes ingredientes que han utilizado y las técnicas realizadas y sus materiales. También, debe contrastar si el resultado obtenido, una separación adecuada de las mezclas problema, coincide con su hipótesis inicial, identificando sus limitaciones si no lo consigue.

Figura 1. Material que encontrarán los alumnos antes de iniciar la actividad.

Una vez el alumnado está sentado, se le presenta la actividad:

> *"Bienvenidos al Restaurante de Mezclas. Desgraciadamente los chefs y los encargados de cocina se han puesto malos por una intoxicación alimentaria, por ello, necesitamos que os convirtáis en chefs por un día para poder atender a unos clientes muy importantes que van a venir hoy a comer ".*

El docente, entonces preguntará qué es lo que se les solicita en la actividad, identificando si han reconocido el problema a resolver. En este caso, que deben ayudar a resolver las situaciones de la cocina (Figura 1). Tras la presentación del contexto, se les entrega de cuaderno de recetas que tiene que ir rellenando según avanza la actividad.

Una vez identificado el objetivo de la actividad, se sugiere que el docente explique la importancia del menú que deberán elaborar, pues es esencial para los comensales especiales que vendrán ese día al restaurante:

"Os habéis convertido en los chefs del restaurante más prestigioso de Madrid y vais a tener que realizar un menú exclusivo para los actores de una película muy conocida que han venido a comer al restaurante".

A continuación, se van a ir presentando diferentes situaciones a modo de platos del menú (Figura 1). En todos los casos es importante que, al inicio, solo se ofrezca al alumnado las sustancias de las mezclas a separar hasta analizar la mezcla y sus características, e identificar, dibujar y explicar la técnica de separación escogida. Luego se procede a darles el material que los grupos de trabajo necesiten. Este paso es clave, ya que en la parte de razonamiento del problema y planificación de la investigación tiene que estar centrados y si hay material pueden comenzar a realizar la experimentación sin haber pensado en ella.

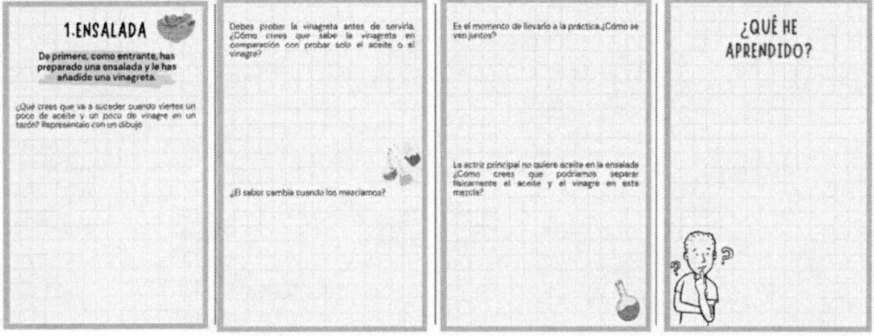

Figura 2. Ejemplo de fragmento del cuaderno con la guía dada al alumnado para resolver el primer caso.

Para cada situación, en el cuaderno, se ofrecen preguntas para ayudar al alumnado (Figura 2). Trabajar de esta forma permite al profesorado conocer las ideas de su alumnado sobre las mezclas, y al alumnado ser consciente del conocimiento que está aplicando en cada situación.

El primer caso que se plantea es lo que en el menú encontramos como primer plato, una ensalada:

"De primero como entrante, habéis preparado una ensalada y le habéis preparado una vinagreta, pero Blanca Suárez (o cualquier actor o actriz a elección) no quiere aceite en la ensalada".

Además, se proporcionan tarjetas como la que se presenta la figura 3 con preguntas que promueven que el alumnado considere qué es una mezcla, qué características tiene y en base a ellos que considere si es homogénea y heterogénea y cómo la podría separar. Para resolver este primer caso, es importante que el alumnado mezcle las sustancias y razones sobre qué es lo que ha ocurrido y cuál es el producto obtenido, luego identifique la mezcla como heterogénea, y que la clave se encuentra en que los líquidos (aceite y vinagre) no se mezclan y que además se sitúan uno sobre otro. Según esto, deben decidir la técnica de separación y dibujar el procedimiento para justificar su elección según las propiedades de las sustancias que conforman la mezcla. Si el procedimiento planteado por el alumnado no es el adecuado, lo harán de todas formas, para que ellos y ellas identifiquen en qué se han confundido, evaluando sus ideas, modificando su dibujo y realizando la experimentación. En todas las situaciones se presentará el mismo esquema de resolución en el cuaderno del estudiante.

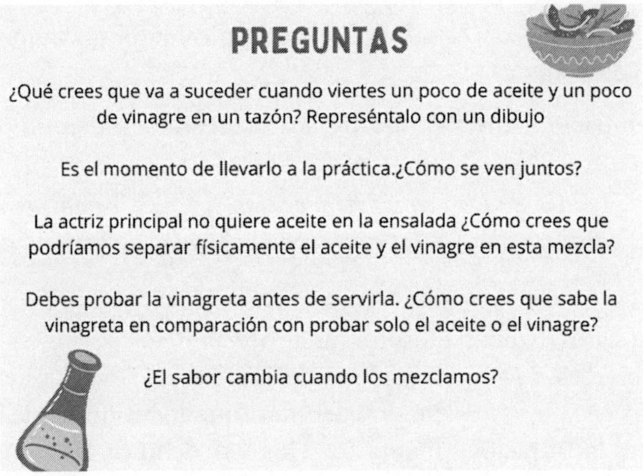

PREGUNTAS

¿Qué crees que va a suceder cuando viertes un poco de aceite y un poco de vinagre en un tazón? Represéntalo con un dibujo

Es el momento de llevarlo a la práctica.¿Cómo se ven juntos?

La actriz principal no quiere aceite en la ensalada ¿Cómo crees que podríamos separar físicamente el aceite y el vinagre en esta mezcla?

Debes probar la vinagreta antes de servirla. ¿Cómo crees que sabe la vinagreta en comparación con probar solo el aceite o el vinagre?

¿El sabor cambia cuando los mezclamos?

Figura 3. Preguntas guía, ensalada-decantación.

El segundo plató es una paella, con él trabajamos las mezclas heterogéneas entre dos sólidos y características como el magnetismo:

> *"De segundo queréis hacer una deliciosa paella. Tenéis el bote de arroz al lado de la caja de propinas y, cuando vais a cogerlo, se os cae sin querer y el arroz acaba mezclado con las monedas que había en la caja".*

A través de las preguntas que aparecen en la tarjeta (Figura 4), el alumnado seguirá un procedimiento similar al de la situación anterior: tendrá que identificar que la diferencia entre ambos materiales es que uno de ellos puede ser atraído por un imán, y que su uso sería lo adecuado para separarlo.

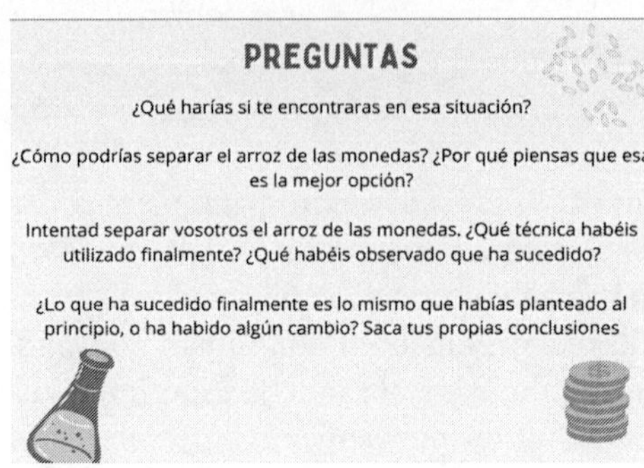

Figura 4. Preguntas guía, Paella-imantación.

Tendrá que realizar el dibujo del procedimiento, así como explicarlo en base a las ideas citadas.

A continuación, antes del postre, los comensales piden un té:

> *"Algunos de los actores han pedido un té y, como consecuencia de una equivocación, se ha preparado echando las hierbas directamente al agua".*

En este caso se trabajará sobre una mezcla heterogénea de líquido (agua) y sólido (hierbas de té). Considerando que las sustancias que se mezclan se encuentran en diferentes estados, tendrán que identificar que la técnica más adecuada es la filtración (Figura 5). Una vez definida la forma de proceder, han de dibujar de nuevo cómo harían, y solicitar al docente el material. Tras realizar la separación, tendrán que reflexionar sobre lo que ha ocurrido, identificando si la técnica escogida ha sido la adecuada o no, y modificándola si fuera necesario.

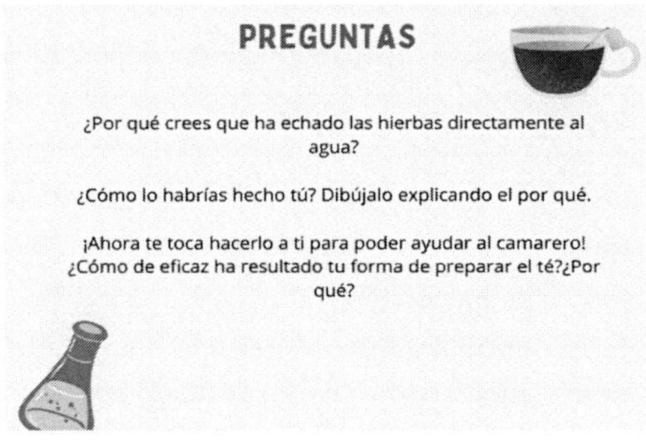

Figura 5. Preguntas guía, Té-filtración.

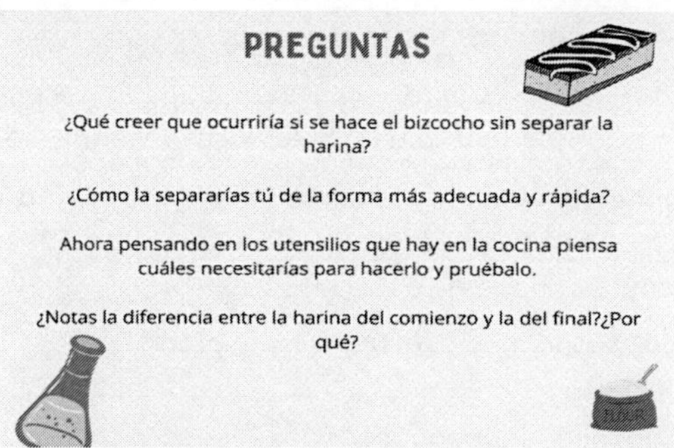

Figura 6. Preguntas guía, Bizcocho-Tamizado.

Por último, de postre se preparará un bizcocho de chocolate, con él se trabajará el método de tamizado:

> *"De postre vais a preparar un bizcocho de chocolate y, para evitar que se formen grumos, hay que separar la harina fina de la que está compacta".*

Con las preguntas y la experimentación con los materiales de los que dispondrán (harina y colador) (Figura 6), los alumnos deberían identificar que el método que deben emplear es el tamizado.

Por último, aparecerá un apartado en el que tendrán que poner qué han aprendido, comparando lo que sabían con lo que han averiguado tras la investigación.

Criterios y herramientas de evaluación

El instrumento de recogida de información es el cuaderno de laboratorio en el que se recogen las respuestas del alumnado a cada situación. Se sugiere evaluarlo utilizando la siguiente rúbrica (Figura 7).

Para evaluar el progreso y el logro de los objetivos se han establecido los siguientes criterios de evaluación:

- Identifica la diferencia entre mezclas homogéneas y heterogéneas.
- Aplica los métodos de separación en base a las características de las sustancias mezcladas.

- Identifica la situación problemática en cada caso, en concreto qué mezcla se proporciona y cómo podría ser separada.
- Plantea un procedimiento experimental para separar cada mezcla, considerando qué material sería necesario y cómo lo realizaría.
- Obtiene conclusiones tras la realización del experimento, evaluando si la forma de proceder ha sido adecuada, o no, en base a los resultados obtenidos.
- Comunica sus ideas de forma clara y precisa.

Criterios	Inadecuado	Puede mejorar	Satisfactorio	Excelente
Identificación de mezclas homogéneas y heterogéneas	No identifica correctamente las mezclas	Identifica algunas mezclas, pero comete varios errores	Identifica la mayoría de las mezclas correctamente con pocos errores	Identifica todas las mezclas correctamente sin errores
Aplicación correcta de los métodos de separación	No aplica los métodos de separación o lo hace incorrectamente	Aplica algunos métodos correctamente, pero no considera adecuadamente las características de las sustancias	Aplica la mayoría de los métodos correctamente y considera las características de las sustancias, aunque con pocos errores	Aplica todos los métodos de separación correctamente, considerando adecuadamente las características de las sustancias sin errores
Identificación de la situación problemática	No identifica la situación problemática o la comprende incorrectamente	Identifica parcialmente la situación problemática, pero la comprensión es limitada	Identifica adecuadamente la situación problemática con una buena comprensión	Identifica claramente la situación problemática y la comprende completamente
Planteamiento de un procedimiento experimental	No plantea un procedimiento o lo hace de manera incorrecta	Plantea un procedimiento, pero es incompleto o presenta varios errores	Plantea un procedimiento adecuado, considerando el material necesario y cómo realizarlo con pocos errores	Plantea un procedimiento claro y detallado, considerando el material necesario y cómo realizarlo sin errores
Obtención de conclusiones	No obtiene conclusiones o las que obtiene son incorrectas	Obtiene algunas conclusiones, pero son incompletas o presentan errores	Obtiene conclusiones adecuadas sobre la adecuación del procedimiento con algunos errores menores	Obtiene conclusiones claras y completas sobre la adecuación del procedimiento sin errores
Claridad en la expresión de ideas y la reflexión	La expresión de ideas es confusa y la reflexión es mínima o inexistente	La expresión de ideas es clara en algunas partes, pero falta coherencia y profundidad en la reflexión	La expresión de ideas es mayormente clara y la reflexión es adecuada	La expresión de ideas es clara y coherente, con una reflexión profunda y bien articulada.

Descripción de los niveles:

1. **Inadecuado**: El estudiante no demuestra comprensión o habilidad en el criterio evaluado. Requiere asistencia significativa para mejorar.
2. **Puede mejorar**: El estudiante demuestra comprensión y habilidad parcial en el criterio evaluado. Se observan varios errores que deben corregirse.
3. **Satisfactorio**: El estudiante demuestra una buena comprensión y habilidad en el criterio evaluado. Los errores son menores y no afectan significativamente el resultado.
4. **Excelente**: El estudiante demuestra una comprensión y habilidad sobresalientes en el criterio evaluado. No se observan errores.

Figura 7. Rúbrica de evaluación.

Consideraciones a tener en cuenta antes, durante y tras la aplicación de la propuesta

Antes del inicio de la propuesta, los docentes deben conocer el tema, conceptos y técnicas que se utilizarán durante la sesión. Esto incluye comprender en detalle la materia y sus propiedades (densidad, solubilidad, magnetismo), los cambios de estado, la clasificación de mezclas y su diferencia con las sustancias puras. El alumnado debería tener claro las características de la materia, los cambios de estado y cómo se producen, así como la diferencia entre mezcla y sustancia. Todos estos saberes se abordan en el primer y segundo ciclo. Proponemos esta actividad para el tercer ciclo ya que el alumnado ha de conectar y aplicar todo este conocimiento para poder tomar las decisiones que se le solicitan. Esto implica tener una comprensión adecuada del contenido, así como de cómo resolver una investigación.

Para el desarrollo de la actividad, se aconseja seguir el mismo orden que el abordado en la actividad, para que se favorezca la identificación de los distintos tipos de mezclas y su conexión con la realidad. Es importante realizar la práctica de llevarla al aula para identificar posibles limitaciones en su realización por el alumnado, ya sean en tiempo, elección de materiales o montaje de técnicas de separación.

En cuanto a la evaluación, es importante que al final demos una retroalimentación específica y constructiva para ayudarles a mejorar su comprensión y desempeño para posteriores actividades. Al devolver los cuadernos, se sugiere que el docente ofrezca una retroalimentación oral al grupo clase sobre la actividad.

Referencias

Del Pozo, R. M. (2013). *Las ideas "científicas" de los alumnos y alumnas de primaria: tareas, dibujos y textos*. Universidad Complutense.

Del Pozo, R. M. y Martín, P. G. (2012). Los criterios de clasificación de la materia inerte en la Educación Primaria: concepciones de los alumnos y niveles de competencia. *Revista Eureka sobre Enseñanza y Divulgación de las Ciencias*, *9*(2), 213-230. http://dx.doi.org10.25267/Rev_Eureka_ensen_divulg_cienc.2012.v9.i2.04

Paixão, F. (2004). Mezclas en la vida cotidiana. Una propuesta de enseñanza basada en una orientación ciencia, tecnología y sociedad y en la resolución de situaciones problemáticas. *Revista Eureka sobre Enseñanza y Divulgación de las Ciencias, 1*(3), 205-212. http://dx.doi.org/10.25267/Rev_Eureka_ensen_divulg_cienc.2004.v1.i3.04

10

¿QUÉ LE HA OCURRIDO AL FARO DE PITUFILANDIA?: CONSTRUYENDO CIRCUITOS ELÉCTRICOS

Nuria Barroso Catalán, Raquel Cortázar del Río y Lucía González Romero

Resumen

En este capítulo se presenta una propuesta orientada a la enseñanza de los circuitos eléctricos en el último ciclo de Educación Primaria. A través de una investigación guiada, el alumnado conocerá los elementos básicos de un circuito y su funcionamiento. Para ello, se les presentará una situación de aprendizaje centrada en un problema que ha ocurrido en el país de los pitufos, que el faro que ayuda a los barcos a llegar a la costa se ha estropeado y no saben qué ha podido ocurrir, ni cómo arreglarlo. Solicitan ayuda al alumnado para poder arreglarlo. Para resolver el problema, tendrá que identificar, empleando su conocimiento sobre el funcionamiento de los circuitos y sus elementos, cuál ha sido el fallo, y construir un nuevo circuito decidiendo qué elementos emplear, y cómo conectarlos. Gracias a esta actividad, también podrá desarrollar destrezas científicas como construir dibujos o diagramas de eventos o procesos, construir explicaciones sobre fenómenos científicos, y discutir su precisión. Se describe en detalle la conexión de la actividad con el currículo escolar y se proporcionan los materiales e instrucciones necesarias para que el docente pueda implementar la propuesta en el aula.

Fundamentación

Esta propuesta sobre circuitos eléctricos está dirigida al alumnado del último ciclo de Educación Primaria ya que es cuando debe conocer y comprender los saberes básicos de los circuitos eléctricos como la conductividad, el funcionamiento del circuito y el papel de cada uno de los elementos que lo integran, así como la aplicación de estos conocimientos a situaciones cotidianas (Ministerio de Educación y Formación Profesional, 2022) (Tabla 1).

Al trabajar estos contenidos pueden surgir dificultades de aprendizaje en los estudiantes. En especial, al explicar cómo se conduce la corriente eléctrica a lo largo del circuito, y cómo han de estar conectados los elementos que lo componen para que funcione (Greca et al., 2021). Por ejemplo, es común encontrar ideas como que la corriente eléctrica se desgasta al pasar por la bombilla o que para que el circuito funcione lo único que hace falta es un cable que conecte la bombilla con la pila, sin considerar que el circuito tiene que estar cerrado.

Tabla 1. Relación de saberes básicos y competencias que se desarrollan en la propuesta (adaptado del Real Decreto 157/2022)

Saberes básicos	Competencias
Corriente eléctrica. Materiales conductores y aislantes. Componentes de un circuito y papel que desempeñan en la transmisión de la corriente eléctrica. Circuitos simples y su funcionamiento. Uso de circuitos eléctricos en la vida cotidiana.	Diseñar una investigación a partir de una pregunta de investigación. Construir dibujos o diagramas como representaciones de eventos o sistemas. Representar y explicar fenómenos utilizando diferentes tipos de modelos. Construir un argumento científico que muestra cómo los datos apoyan una afirmación. Producir textos o presentaciones para comunicar sus ideas y logros.

También, encontramos limitaciones al explicar cómo se enciende la bombilla, ya que hay alumnado que considera que sale carga positiva de un extremo de la pila y carga negativa del otro, y que al llegar a la bombilla "chocan" y producen la luz, sin reconocer realmente cómo se transmite la corriente eléctrica en el circuito y cuál es el papel de la pila para generar diferencia de cargas entre sus polos (De Pro y Rodríguez-Moreno, 2010). Para abordar estas dificultades, la propuesta se centra en un enfoque práctico en el que se trabajan los saberes básicos y las competencias específicas (destrezas) señaladas en la tabla 1.

Objetivos

El objetivo general de la propuesta es identificar qué le ha ocurrido al foro de Pitufilandia, considerando cómo es el funcionamiento de un circuito eléctrico, y aplicando este conocimiento para construir su propio circuito, y evaluar su funcionamiento e informar a los pitufos. Para conseguirlo, las competencias y el objetivo anterior se concretan en los siguientes objetivos específicos:

- Identificar la situación problemática a resolver, cómo arreglar el circuito eléctrico del faro.
- Identificar cuál ha sido el motivo de que dejara de funcionar y proponer soluciones para arreglarlo.
- Reconocer cuáles son los elementos que componen un circuito eléctrico y cómo se disponen en el circuito para que este funcione.
- Diferenciar los materiales conductores y aislantes con relación a cómo transmiten la corriente eléctrica.
- Diseñar y construir sus propios circuitos eléctricos.
- Evaluar el funcionamiento del circuito eléctrico, considerando las limitaciones encontradas y sus causas.
- Elaborar un informe donde expongan su solución al problema encontrado por los pitufos, justificándola en sus ideas sobre cómo funcionan los circuitos eléctricos y el diseño realizado.

¿Qué le ha ocurrido al faro de Pitufilandia?

Esta propuesta consta de un total de cinco fases que seguirán el orden del cuaderno de investigación con el que trabajará el alumnado. Este material les otorgará la autonomía para poder seguir su propio ritmo en la resolución de la actividad. Está orientado para que los pitufos, protagonistas del problema, sean quienes se dirigen al estudiantado captando su atención.

Se sugiere que se organice la clase en grupos de trabajo de cuatro o cinco estudiantes, y se entregue a cada uno un cuaderno. El resto de los materiales, bombillas, pilas etc., se distribuirá más adelante, en el momento de construir el circuito eléctrico.

La duración de la actividad está planteada pará tres sesiones: a) planteamiento del problema y dibujos de los primeros prototipos de circuitos eléctricos y consideración de su funcionamiento; b) construcción del circuito, comprobación de su funcionalidad e identificación de posibles fallos y sus causas; y c) propuesta final del circuito eléctrico, respuesta a los pitufos sobre lo ocurrido y puesta en común de los grupos. Esta programación es aproximada, siempre se puede modificar en base a las características de la clase. Es muy importante no alterar el orden, ya que sigue las mismas fases que los científicos en su trabajo. Gracias a esto, se puede trabajar construyendo los prototipos de circuitos eléctricos, usándolos y evaluándolos, considerando los posibles cambios necesarios, siempre en base a su conocimiento sobre circuitos y corriente eléctrica (Digna Couso, 2020).

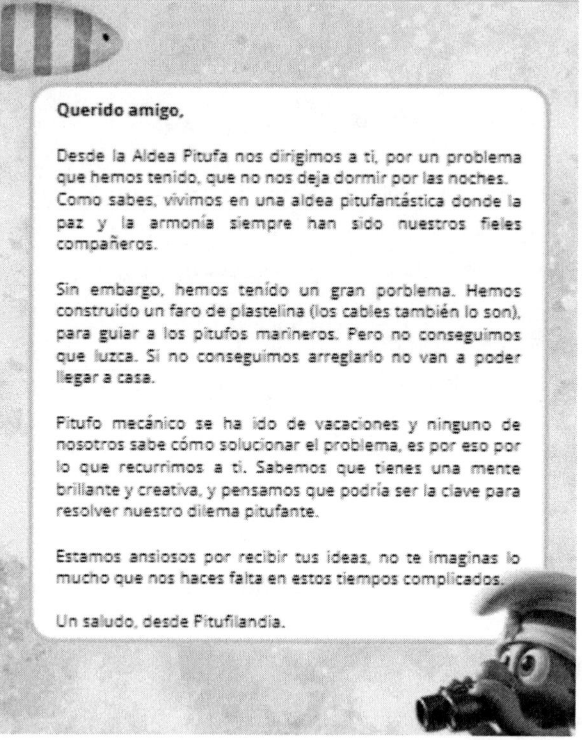

Querido amigo,

Desde la Aldea Pitufa nos dirigimos a ti, por un problema que hemos tenido, que no nos deja dormir por las noches. Como sabes, vivimos en una aldea pitufantástica donde la paz y la armonía siempre han sido nuestros fieles compañeros.

Sin embargo, hemos tenido un gran porblema. Hemos construido un faro de plastelina (los cables también lo son), para guiar a los pitufos marineros. Pero no conseguimos que luzca. Si no conseguimos arreglarlo no van a poder llegar a casa.

Pitufo mecánico se ha ido de vacaciones y ninguno de nosotros sabe cómo solucionar el problema, es por eso por lo que recurrimos a ti. Sabemos que tienes una mente brillante y creativa, y pensamos que podría ser la clave para resolver nuestro dilema pitufante.

Estamos ansiosos por recibir tus ideas, no te imaginas lo mucho que nos haces falta en estos tiempos complicados.

Un saludo, desde Pitufilandia.

Figura 1. Carta de los Pitufos.

En la contextualización (Figura 1), los pitufos piden ayuda al alumnado para solucionar los problemas con su faro, que ha dejado de funcionar, y como pitufo mecánico no está, no saben qué ha podido ocurrir, y necesitan arreglarlo en cuanto antes. Al plantear esta situación, se espera que el alumnado se sienta integrado en la tarea.

Figura 2. Preguntas, y pistas, para promover el razonamiento sobre el problema.

A continuación, se solicita que identifiquen el problema (Figura 2). Los pitufos les proporcionan pistas para ayudarles a dar posibles soluciones. De esta forma se favorece el razonamiento del problema por el alumnado y la formulación de posibles hipótesis, un paso clave en una investigación ya que determina cómo se procederá a continuación. Para ayudarles, se realizan las siguientes preguntas ¿Qué es un circuito eléctrico? ¿Cuáles son sus componentes y cómo funcionan?

Tras hacer explícitas sus ideas, para relacionar estas con el problema a resolver, se pide a los grupos de trabajo realizar un boceto de cómo sería el circuito eléctrico del faro y cómo funcionaría (Figura 3). De esta manera, plasman su modelo de circuito eléctrico y explicitan sus ideas sobre transmisión de corriente eléctrica en un circuito. Esta información le sirve al docente para identificar qué ideas alternativas, de las mencionadas al inicio del capítulo, podría tener su alumnado. Expresando su modelo de circuito eléctrico terminaría la primera fase de la actividad.

Figura 3. Preguntas para ayudar al alumnado a expresas sus ideas sobre cómo es un circuito eléctrico.

En la segunda fase, se comienza con la construcción del circuito eléctrico (Figura 4). En primer lugar, se les pregunta qué material emplearían para construir su circuito en base al dibujo que realizado. Se sugiere que entre el material que se les suministre, además de componentes como leds, cables, interruptores, baterías/pilas, también se les proporcionen otros que podrían causar confusión como materiales aislantes que puedan pensar que conducen la corriente eléctrica. En este punto, en función de lo que quiera el docente, además de construir el circuito eléctrico, también se podría construir la maqueta del faro, simulando la situación que se plantea en la historia (Figura 4). Para ello, se proponen materiales como: cartulinas, materiales para poder formar la estructura del faro (como rollos de papel, botes de Pringles, etc.). Una vez construyen el circuito y comprueban que funcionan, han de construir el resto de la maqueta.

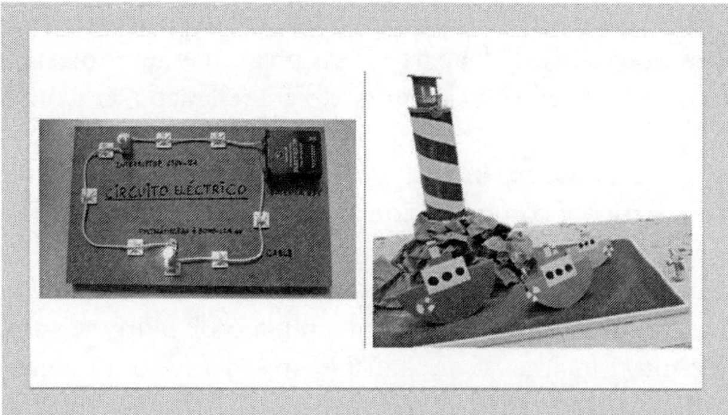

Figura 4. Ejemplos de circuito eléctrico y maqueta del faro.

En esta fase es importante que todo el trabajo se haga en el aula, para que el docente vea que es el alumnado quién lo realiza. Tras su construcción y comprobación, si funciona, los grupos tienen que elaborar el informe de investigación, sino han de revisar su circuito y su boceto, para ver qué no funciona y modificarlo, justificándolo según sus ideas sobre su funcionamiento.

PROBLEMA	HIPÓTESIS
MATERIALES	EXPERIMENTACIÓN
RESULTADOS	CONCLUSIONES

Figura 5. Tabla de informe de investigación.

Para que el alumnado identifique cómo ha ido construyendo su conocimiento según desarrolló la actividad, aparte de las preguntas anteriores, se sugiere que el docente le entregue la tabla de la figura 5. Para rellenarla, el estudiantado debe relacionar cada fase de la investigación (indagación) con lo que ha hecho para resolverla. En concreto, se espera que reconozca en qué momento piensan cómo es un circuito eléctrico y cómo funciona, para explicar qué le había ocurrido al faro (razonamiento del problema y formulación de hipótesis). Luego exprese estas ideas en un dibujo, decidiendo qué material necesita para construir el faro y cómo organizarse para construirlo (planteamiento de la investigación), y comprobar si el circuito funciona, o no, considerando las ideas de ciencias utilizadas para construirlo (interpretación de resultados). Por último, debe explicar a los pitufos qué le pasaba al faro y cómo solucionarlo (obtención y comunicación de conclusiones).

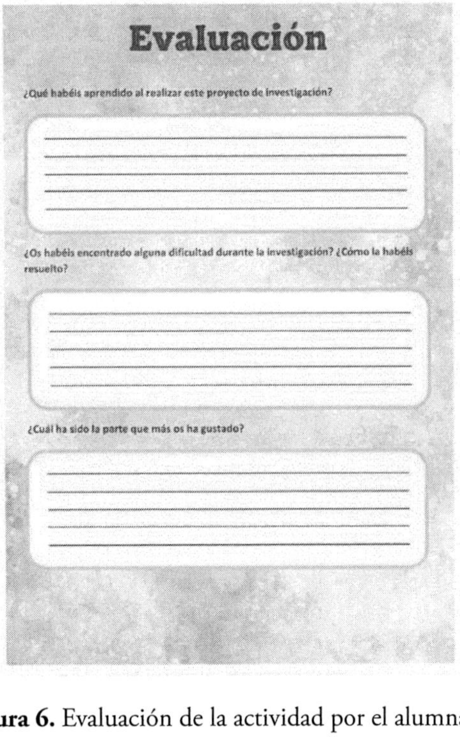

Evaluación

¿Qué habéis aprendido al realizar este proyecto de investigación?

¿Os habéis encontrado alguna dificultad durante la investigación? ¿Cómo la habéis resuelto?

¿Cuál ha sido la parte que más os ha gustado?

Figura 6. Evaluación de la actividad por el alumnado.

Para conocer la percepción del estudiantado sobre la actividad se realizan unas preguntas finales sobre qué han aprendido de la actividad, qué les ha resultado más difícil y qué es lo que más les ha gustado (Figura 6). El o la docente puede comprender mejor cómo se ha sentido el alumnado y mejorar el diseño de la propuesta.

Criterios y herramientas de evaluación

El contenido del cuaderno, la maqueta y el trabajo realizado se sugiere que sean evaluados con la rúbrica presente en la tabla 2.

Tabla 2. Rúbrica de evaluación

Criterios de evaluación	Desempeño bajo	Desempeño Medio	Desempeño alto
Identifica por qué el faro no funciona y propone soluciones, en base a su conocimiento sobre circuitos.	Identifica el motivo, pero no propone ninguna solución.	Identifica el motivo, pero no emplea un conocimiento adecuado sobre circuitos eléctricos.	Identifica el motivo y propone soluciones empleando correctamente el conocimiento sobre circuitos.
Reconoce los elementos de un circuito eléctrico y su funcionamiento.	No reconoce todos los elementos del circuito.	Reconoce los elementos del circuito, pero no lo conecta con su funcionamiento	Reconoce los elementos del circuito y su funcionamiento correctamente.
Diferencia los materiales conductores y aislantes.	No diferencia entre materiales conductores y aislante.	Establece una clasificación de materiales aislantes y conductores, pero no justifica el criterio empleado.	Diferencia los materiales aislantes y conductores en base a cómo se comportan frente a la corriente eléctrica.
Diseña y construye su propio circuito eléctrico, identificando sus limitaciones.	Diseña y construye un circuito eléctrico incompleto, no presenta todos los componentes.	Diseña y construye un circuito eléctrico con todos sus componentes, pero no funciona y no identifica el fallo.	Diseña y construye un circuito eléctrico correctamente.
Elabora un informe expresando de forma clara y ordenada sus ideas sobre circuitos eléctricos, su funcionamiento, y responde al problema.	Elabora un informe que presenta las ideas desordenadas y no se llega a responder al problema planteado.	Elabora un informe que presenta las ideas ordenadas, pero no las empleas para para explicar qué es lo que le ha ocurrido al faro.	El informe presenta las ideas de forma ordenada y se apoyan en ellas para explicar qué le ha ocurrido al faro y cómo arreglarlo.

Criterios de evaluación:

- Identifica el motivo de que el faro dejara de funcionar y propone soluciones para arreglarlo en base a su conocimiento sobre circuitos.
- Reconoce los elementos de un circuito eléctrico y su funcionamiento.
- Diferencia los materiales conductores de los aislantes en función de cómo se comportan al transmitir la corriente eléctrica.
- Diseña y construye su propio circuito eléctrico, identificando sus limitaciones en caso de no funcionar.
- Elabora un informe en el que expresa de forma clara y ordenada sus ideas sobre los circuitos eléctricos, su funcionamiento, y cómo las ha utilizado para realizar su propio circuito y solucionar el problema de los pitufos.

Consideraciones a tener en cuenta antes, durante y tras la aplicación de la propuesta

Antes de llevarla al aula la actividad hay que comprobar que todas las pilas de petaca tienen carga y que las bombillas están en perfecto estado, ya que es lo que más problemas da en la comprobación del circuito durante la actividad. También, se sugiere dar al alumnado cables de distintos colores, para evitar que asocien el polo positivo con el rojo del cable, y el negativo con el negro. Además, se recomienda abordar de qué material están hechos los cables para transmitir la corriente eléctrica y cuál es el papel del plástico que le rodea. Si se mantiene el mismo color, y abordamos la existencia de polo positivo y negativo en la pila, es más posible que el alumnado integre la idea de que en cada cable se conduce un tipo de carga distinta (positiva y negativa) y que, al chocar en la bombilla, esta se enciende.

Durante el desarrollo de la actividad es importante que el cuaderno se entregue por partes, en la primera, que se aborda el diseño, se les dan las hojas relacionadas con ello, y luego, a partir de ahí, las siguientes, y también el material para construir el circuito. Evitar darles el material antes de que hayan establecido cómo creen qué son los circuitos, los elementos que tienen y cómo funcionan. Si se entregara antes podrían pasar directamente a la manipulación sin razonar o expresar antes sus ideas. Es clave que, antes de construir el circuito con materiales tangibles, consideren cómo funciona y los discutan en el grupo de trabajo, para luego, una vez construido, puedan considerar lo sucedido. De esta forma se favorece la capacidad de autoevaluarse del alumnado.

Referencias

Couso, D. (2020). Aprender ciencia involucra aprender ideas potentes de la ciencia: la modelización ayuda a la explicación-predicción de fenómenos. En D. Couso, M. R. Jiménez-Liso, C. Refojo, y J. A. Sacristán (Coords.), *Enseñando Ciencia con Ciencia* (pp. 53-62). Penguin Random House.

De Pro, A., y Rodríguez-Moreno, J. (2010). Aprender competencias en una propuesta para la enseñanza de circuitos eléctricos. *Enseñanza de las Ciencias, 28*(3), 385-404.

Greca I. M., Ortiz-Revilla J. y Arriassecq I. (2021) Diseño y evaluación de una secuencia de enseñanza-aprendizaje STEAM para Educación Primaria. *Revista Eureka sobre Enseñanza y Divulgación de las Ciencias, 18*(1), 1802. doi: 10.25267/Rev_Eureka_ensen_divulg_cienc.2021.v18.i1.1802.

Ministerio de Educación y Formación Profesional. (2022). Real Decreto 157/2022, de 1 de marzo, por el que se establecen la ordenación y las enseñanzas mínimas de la Educación Primaria.

Anexos

Materiales para el docente

En este anexo se presentan los enlaces completos a todos los materiales docentes para que se pueda acceder desde los enlaces en cada capítulo o desde el final.

1. **Introducir el modelo de ser vivo a partir de organismos no prototípicos: ¿Cómo conseguir que no salga moho en la fruta?**

    - Cuaderno de investigación: https://drive.google.com/file/d/1t9h6KQKakxfkM1JVhwnp55GuDik_tQ9S/view

2. **El misterio del artrópodo extinto: ¿Cómo averiguamos a que grupo pertenece?**

    - Cuaderno de investigación https://drive.google.com/file/d/1hKEPeXSCd-FQ3i6XNIB7rmy3GGByaAI7/view
    - Proyecto de investigación (genial.ly): https://view.genially.com/658463eeff61cf0014f9dd8b/interactive-content-proyecto-de-investigacion
    - Receta para elaborar la masa para construir el modelo de artrópodo https://drive.google.com/file/d/1lRRQyhelDVSx-d6u8SKRDA3ZRGNqLLJBo/view

3. **¡Periscopios en acción!: trabajando el reflejo de la luz.**

    - Cuaderno de investigación: https://drive.google.com/file/d/1j-VzRECctwIoVVLFTnANcpsCYWcfgCYn6/view

- Carteles: https://drive.google.com/file/d/1mUFd0RVbNoyPj-87DELVbjSyMxBupccSo/view
- Rúbrica de evaluación, y calificación: https://drive.google.com/file/d/1a6KEHwoPGdgfVzRaA4Dlb_F8ABEoCCit/view

4. Guardianes de la energía: la búsqueda del material perfecto.

- Cuaderno de investigación: https://drive.google.com/file/d/1QZ7QA7xGLI5RhyZrb6LEc1cJ28NbkT3I/view

5. S.O.S MUDANZA: una propuesta para trabajar máquinas simples en Educación Primaria.

- Cuaderno de Investigación grupos de trabajo:
- https://drive.google.com/file/d/1-13wO3_5OzqE-Ye7ig0j-MvyNal4XUui/view
- Cuaderno de Investigación grupo-clase: https://drive.google.com/file/d/19fQYaMqszHHZWgh8k6Iyihrb-n13sGxG/view

6. El misterioso contagio de marta y julia: Un caso para trabajar salud y enfermedad en Educación Primaria

- Cuaderno de Investigación: https://drive.google.com/file/d/1aO580Ks854Xop8NmfPSNN1JAp1NHDKaj/view
- Vídeo: Pista 1.MOV: https://drive.google.com/file/d/1ygd-JJD-L5JobBjm3j_Wykp5NVSaD04v/view
- Pistas:
    - o Pista 3.1.: Planing semanal Julia: fhttps://drive.google.com/file/d/13b7wxi4RCUGKsjNKvCRlqiqKNptaJuaL/view
    - o Pista 3.2: Planing semanal Marta: https://drive.google.com/file/d/1IhyAhrZ6PaBjlZKTIeBfUHtTOZLxFnoq/view
    - o Pista 3.3: Conversación WhatsApp: https://drive.google.com/file/d/1limIaRUcd3sX5MRbjMkls5RzjQ_y-uxq/view

- Receta medio de cultivo casero: https://www.encuentrosconlaciencia.es/?page_id=2101)

7. **¡¡Lío en la cocina!! cocineros al rescate.**

    - Cuaderno de investigación: https://drive.google.com/file/d/1swwbvRQp7yQSQG43uvURvS7JV3GIA-0E/view?usp=sharing

8. **¿Qué le ha ocurrido al faro de Pitufilandia?: construyendo circuitos eléctricos**

    - Cuaderno de Investigación:

      https://drive.google.com/file/d/1Nv-Ch6bVqxbM5b7Fkq9DPE4I-z5RC1q2/view que si que funciona

GRACIAS POR CONFIAR EN NUESTRAS PUBLICACIONES

Al comprar este libro le damos la posibilidad de consultar gratuitamente la versión ebook.

Cómo acceder al ebook:

- **Acceda a nuestra página web,** sección Acceso ebook (www.dykinson.com/acceso_ebook)
- **Rellene el formulario** que encontrará facilitando, el código de acceso que le facilitamos a continuación así como los datos con los que quiere acceder al libro en el futuro (correo electrónico y contraseña de acceso).
- Si ya es **cliente registrado**, deberá acceder con su **correo electrónico y contraseña habitual**.
- Una vez registrado, **acceda a la sección Mis e-books de su cuenta de cliente**, donde encontrará la versión electrónica de esta obra ya desbloqueada para su uso.
- Para acceder al libro en el futuro, ya sólo es necesario que se identifique en nuestra web con su correo electrónico y su contraseña, y que se dirija a la sección Mis ebooks de su cuenta de cliente.

CÓDIGO DE ACCESO

Rasque para ver el código

Nota importante: Sólo está permitido el uso individual y privado de este código de acceso. Está prohibida la puesta a disposición de esta obra a una comunidad de usuarios.